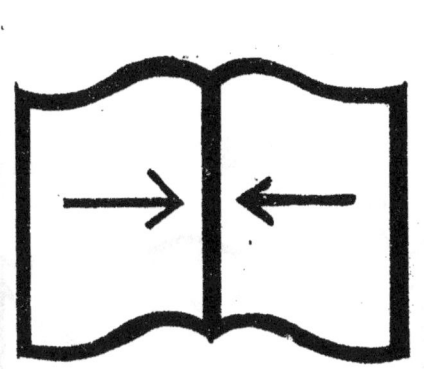

RELIURE SERREE
Absence de marges intérieures

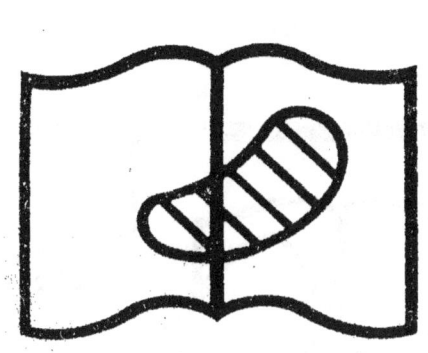

Illisibilité partielle

VALABLE POUR TOUT OU PARTIE
DU DOCUMENT REPRODUIT

Couverture inférieure manquante

Début d'une série de documents en couleur

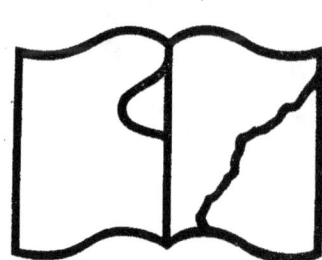

Texte détérioré — reliure défectueuse
NF Z 43-120-11

PHILIPPE GILLE

CEUX QU'ON LIT

—1896—

PARIS
CALMANN LÉVY, ÉDITEUR
3, BOULEVARD DES ITALIENS
LIBRAIRIE NOUVELLE
—
1898

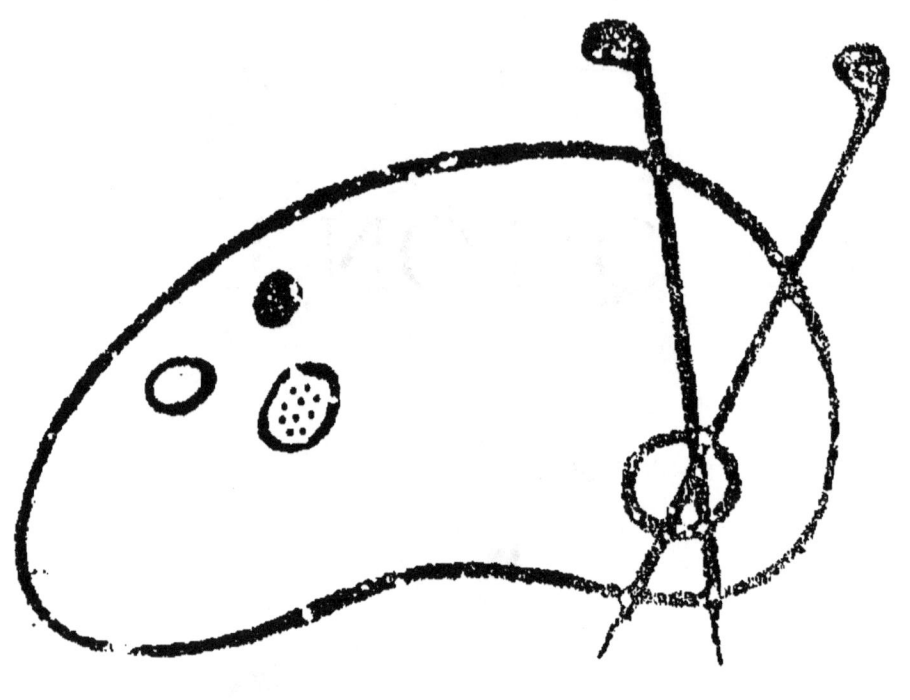

Fin d'une série de documents en couleur

CEUX QU'ON LIT

CALMANN LÉVY, ÉDITEUR

DU MÊME AUTEUR :

Format in-18 à **3** fr.,**50** le volume.

CAUSERIES DU MERCREDI . . . . **1** vol.
CAUSERIES SUR L'ART ET LES ARTISTES CON-
   TEMPORAINS . . . . **1** —
LES MERCREDIS D'UN CRITIQUE. . . . . . **1** —

Droits de reproduction et de traduction réservés pour tous les pays y compris la Suède, la Norvège et la Hollande.

SAINT-AMAND (CHER). IMPRIMERIE BUSSIÈRE FRÈRES

PHILIPPE GILLE

CEUX QU'ON LIT

— 1896 —

PARIS
CALMANN LÉVY, ÉDITEUR
ANCIENNE MAISON MICHEL LÉVY, FRÈRES
3, RUE AUBER, 3
—
1898

LITTÉRATURE

I

JULES SIMON

QUATRE PORTRAITS

Tracés avec cette simplicité qui est la marque des grands écrivains, M. Jules Simon a publié *quatre portraits* : ceux de Lamartine, du cardinal Lavigerie, d'Ernest Renan et de l'empereur Guillaume II. Chacun d'eux porte en soi son intérêt, et par le personnage qu'il représente, et par la façon dont il est représenté. Celui dont l'image m'a paru plus intéressante que celle des autres, probablement parce que je ne l'ai jamais vu, c'est l'empereur Guillaume II. M. Jules Simon qui s'est trouvé avec lui à Berlin, à l'occasion du congrès relatif au travail et à la condition des ouvriers, n'a pu peindre qu'à petits traits ce mouvant modèle qu'il n'a pas eu le temps d'étudier à fond, mais chacun de ces traits est définitif et témoigne d'une grande sûreté de main. Le portrait est fait d'une suite d'instantanés, comme disent les photographes, et c'est ce qui lui donne cette apparence de surprise dans la vie qu'une étude longtemps prolongée eût peut-être atténuée. Parmi les passages du chapitre qui est consacré à Guillaume II, je citerai ceux-ci qui me paraissent les plus caractéristiques :

« Il y a deux sortes d'hommes d'Etat : les taciturnes et — comment dirai-je ? — je ne veux pas dire les bavards. Les premiers ont toujours l'air de garder un secret, même lorsqu'ils n'ont rien à garder, et les seconds sont si prodigues de leurs confidences, qu'ils ne font que céder au plaisir de parler. Les premiers déroutent la curiosité par la disette, et les seconds par l'abondance. Je dirais volontiers qu'il faut faire une catégorie à part pour Guillaume II. Il parle beaucoup parce qu'il pense beaucoup et il vous confie sa pensée sans vous connaître, parce qu'il voudrait la confier à tout l'univers ; en me rappelant ce que j'ai vu de lui, je me le représente sous des aspects bien divers ; je ne puis jamais le voir au repos.

M. Jules Simon, invité à la table de l'Empereur, placé à sa droite, se trouvait avoir devant lui M. de Moltke :

« L'Empereur voulut bien causer avec moi tout le temps du dîner. Ma mémoire n'est pas assez précise pour que je puisse raconter ce qu'il me dit ce jour-là en le distinguant de ce qu'il me dit un autre jour ; mais je me souviens des moindres paroles qu'il a prononcées dans les entretiens que j'ai eus avec lui. Le jour où il reçut toute la Cour du haut de son trône, je ne pus que l'apercevoir, et de même le jour du grand concert dans la salle Blanche : mais il a créé une autre Cour dont il m'a fait lui-même l'éloge et qui est aussi enviée que les Marly de Louis XIV ; il reçoit, par semaine, une vingtaine d'amis, pas davantage. Je cite le mot même dont il s'est servi : « Je reçois une vingtaine d'amis, pas davantage : des officiers, des professeurs ; on croit dans le public que nous tenons une sorte de conseil secret pour nous occuper de politique, au contraire, nous sommes là pour prendre un peu de récréation, pour godailler ; nous parlons d'art, de littérature. » Il me fit l'honneur de m'inviter à une de ces réunions privées.

» Je montai de nouveau l'escalier qui conduit aux appartements de gala ; mais nous nous arrêtâmes à l'étage au-dessous, où je vis plusieurs officiers, parmi lesquels mon compagnon se mêla. Je me trouvais seul et un peu embarrassé de ma personne, ne sachant pas qui nous recevait en ce moment. Il était neuf heures ; la pièce était assez mal éclairée dans la lutte produite par la lumière décroissante du jour et la lumière des bougies. Je ne discernais que des sièges et une table en fer à cheval, sur laquelle était cloué un tapis vert. Je croyais être dans une salle d'attente quand un officier, se détachant du groupe le plus éloigné, vint tout seul à moi, en me demandant si j'étais content de ma visite à Sans-Souci.

» Je reconnus à l'instant l'Empereur. »

Je saute, malgré l'intérêt qu'elles renferment, quelques pages de ce chapitre et je reproduis ce passage, curieux par la scène intime qu'il renferme. M. Jules Simon nous dit que l'Empereur parle très facilement et très correctement notre langue :

« Avait-il un accent ? Pas le moindre. Celui qui de nous deux parlait le plus purement, c'était lui : car j'ai un peu, très peu, l'accent breton, et l'Empereur parle comme un Parisien. Il me demanda en riant comment je trouvais sa prononciation :

» — Vous parlez, lui dis-je, comme un Parisien.

» — Ce n'est pas étonnant, dit-il, j'ai un ami — il affectionne ce terme en parlant de ses serviteurs — qui a été mon professeur pendant dix ans et qui est resté ici avec moi : c'est un Parisien et un puriste ; et m'avez-vous entendu me servir d'une expression peu orthodoxe ? (Je ne suis pas seulement académicien, je suis membre de la Commission du dictionnaire).

» — Une seule fois, lui dis-je.

» Je vis qu'il prenait l'alarme.

» — Et quand cela ? dit-il.

» — Tout à l'heure, quand Votre Majesté a dit : « Nous nous réunissons ici pour godailler. »

» — Godailler est français, il est dans le dictionnaire de l'Académie.

» — Il est dans le dictionnaire, mais on ne le dit pas à l'Académie, ni dans les salons de l'Académie.

» — Je m'en souviendrai. Et c'est la seule fois ?

» — Je le jure ! Votre Majesté est, comme son professeur, un puriste.

» Il parut s'amuser beaucoup de cette bagatelle.

» Il me laissa voir ensuite qu'il avait une connaissance approfondie de nos principaux écrivains. Comme je savais qu'il se tient, dans les plus grands détails, au courant des affaires de l'État et de celles de l'armée, et que je voyais sa vie occupée et agitée, je ne pouvais comprendre qu'il trouvât encore du temps pour lire nos romans français. Il m'assura qu'il aimait par-dessus tout la vie de famille, qu'il n'était jamais plus heureux que quand il dînait tranquillement chez lui, comme un bon bourgeois de Berlin, avec sa femme, et qu'il lui lisait un chapitre de roman avant de s'endormir. »

Je passe sur une très intéressante discussion littéraire de laquelle il ressort que les œuvres de Zola sont loin d'être sympathiques à l'Empereur, et j'arrive à ces dernières lignes d'un plus haut intérêt encore. On parlait de la guerre d'une façon abstraite :

« — J'ai beaucoup réfléchi depuis mon avènement, dit-il, et je pense que, dans la situation où je suis, il vaut mieux faire du bien aux hommes que de leur faire peur.

» Et comme je serrais la question d'un peu plus près en parlant d'une guerre entre nos deux pays, et en ajoutant que la France, dans sa grande majorité, était pacifique.

» — Je vous parle, dit l'Empereur, avec une entière impartialité ; votre armée a travaillé ; elle a fait de grands progrès, elle est prête. Si, par impossible, elle se trouvait en champ clos avec l'armée allemande, nul ne pourrait préjuger les conséquences de la lutte. C'est pourquoi je regarderais comme un fou et un criminel quiconque pousserait les deux peuples à se faire la guerre. »

Bien d'autres questions sont traitées dans la relation de ces visites et ne sont pas d'une lecture moins captivante. M. Jules Simon y raconte ce qu'il a vu, tout ce qu'il a pu voir, mais rien que ce qu'il a vu, ce qui constitue une grosse différence entre lui et la plupart des historiens du jour qui, dès qu'ils ont à raconter un événement auquel ils ont ou n'ont pas assisté, deviennent immédiatement et comme malgré eux, de véritables romanciers.

II

VICTOR HUGO

CORRESPONDANCE

Il semble que rien de nouveau ne reste à révéler sur Victor Hugo, et que l'éclat de sa gloire ait aussi bien éclairé sa vie privée que sa vie publique ; on ne le connaîtra pourtant complètement qu'après avoir lu, dans cette correspondance, l'histoire de son amitié et de sa rupture avec Sainte-Beuve. On verra, aux extraits que en nous donnons plus bas, l'intérêt tout particulier qui ressort de certaines lettres avec lesquelles chacun essaiera de reconstituer un drame dont on ne peut connaître que quelques scènes.

Mais, ne serait-il question que de littérature et ne songerait-on qu'à mesurer la distance parcourue du point de départ au point d'arrivée du grand poète, cette correspondance renferme un puissant élément d'intérêt : il est curieux de voir l'adolescent qui écrira la *Légende des siècles* parler dans ses premières lettres ce reste de langage du xviii⁰ siècle, défiguré par la phraséologie de la Révolution, pénétré des élans attendris que Jean-Jacques avait mis à la mode. Après avoir écrit à Raynouard pour lui envoyer son acte de naissance et prouver qu'il était bien l'auteur de la mention honorable que lui avait accordée l'Académie française, Victor Hugo adresse à son cousin une lettre dont le fond est d'un cœur exquis, mais où se rencontrent des phrases comme celle-ci : « C'est un étrange effet du malheur que nous ayons déjà rempli les fonctions les plus sacrées d'une amitié dont nous avons à peine formé les premiers nœuds, etc... Songe à ton respectable père, etc. »

Mais ce n'est pas longtemps que Victor Hugo suit les chemins battus ; ses lettres à Alfred de Vigny, alors officier au 5⁰ régiment de la garde royale ; à Lamennais, à David d'Angers, à Hérold, au baron Taylor, à tant d'autres, nous le montrent bientôt marchant résolument dans la voie qu'il ne quittera plus. Il voyage, et, dans ses lettres, commence à poindre le futur auteur du *Rhin*. Comme on le pense, il suit pas à pas le mouvement littéraire, s'inquiète de tout, bien qu'en produisant lui-même avec une activité prodigieuse. Les choses de la vie le préoccupent également, et l'on est un peu étonné de trouver en cet homme de bronze devant le travail et les événements, une âme d'une tendresse exquise.

« J'éprouve un grand charme à voir votre âme, si forte et si profonde dans vos ouvrages, devenir si douce et si intime dans vos lettres. » Pareille chose pourrait lui être dite, et on pourrait lui répéter ce qu'il écrit : « Un homme supérieur aime avec son génie, comme il écrit avec son âme. » Tout ce qui touche aux premières années de son mariage, de sa paternité, est marqué d'une rare délicatesse de cœur. Tout cela entremêlé d'indignations contre l'épithète de *romantique* qui lui est donnée dans un sens qu'il n'accepte pas, d'une recommandation à François de Neufchâteau pour Lamartine, candidat à l'Académie; de félicitations, d'encouragements aux jeunes poètes, de colères contre la « plébécule cabalante » qui a sifflé *Amy Robsart*, de protestations de dévouement au Roi à qui, cependant, il refuse une augmentation de 4000 francs de pension, comme compensation de la suppression de *Marion de Lorme* ; Hugo avait un certain mérite, en cette circonstance, à répondre par un refus, car il n'était pas riche, quoi qu'on ait dit, ainsi que le prouve sa lettre à Armand Carrel. Plus loin, nous le trouvons, protestant encore, mais — chose inattendue — pour conserver sa situation de sous-lieutenant-secrétaire adjoint du Conseil de discipline de la garde nationale ! Il fait un opéra avec mademoiselle Bertin, et, moins difficile que les ignorants de choses de théâtre, il reconnaît que dans les poèmes d'opéra « les rimes sont les très humbles servantes des notes » ; il demande une pension pour

Elisa Mercœur, qui est dans la misère ; un peu dépourvu d'argent lui-même, il paye une dette paternelle avec une somme de deux cents francs qu'il réservait pour s'acheter une montre ; minimes détails pour beaucoup, mais bien intéressants pour les écrivains à qui il est nécessaire de savoir que la fortune et la gloire ne s'acquièrent pas dès le premier coup de plume.

Il est impossible de suivre cette correspondance partout où elle nous mène, même au sacre de Charles X à Reims, où Victor Hugo s'étonne de s'être trouvé tout seul à reconduire le vicomte de Chateaubriand.

Mais, ainsi que je l'ai dit plus haut, c'est dans la collection de ces lettres, qui est comprise dans le chapitre consacré à sa correspondance avec Sainte-Beuve, que se trouve pour ainsi dire le cœur du livre. Chacun reconstruira à sa guise, comme il le ferait pour un roman auquel il manquerait la première partie, un fait capital de la vie intime de Victor Hugo. Pour moi, je n'y veux rien voir qu'une grandeur de sentiments, une générosité de cœur, bien au-dessus des forces ordinaires humaines. Jamais l'amitié antique, jamais celle de Montaigne et de La Boëtie n'a eu de plus pénétrants accents que celle de Victor Hugo pour Sainte-Beuve. Le fameux : « Je l'aimais parce que c'était lui, parce que c'était moi » se trouve dépassé : c'est du Corneille dans la vie privée.

On a souvent parlé de l'orgueil de Victor Hugo qui le faisait se mesurer à une échelle plus haute que celle des autres hommes ; il s'en faut, on le verra, qu'il en ait montré en cette circonstance, et c'est dans toute sa sincérité qu'il livre son âme endolorie d'abord, et plus tard envahie par les accès d'une jalousie toute juvénile ; orgueilleux, pour qui d'ailleurs l'eût-il été dans ce drame dont son foyer était le théâtre et dont il était à la fois et l'acteur et le public ?

Sans se permettre de conclure définitivement, on peut cependant supposer que Sainte-Beuve, qui était tendrement aimé par Victor Hugo, qui vivait dans son intimité la plus absolue, dont la présence était devenue une nécessité pour lui, ne resta pas indifférent à la beauté et au charme de la femme de son illustre ami. Bien vraisemblablement, il raréfia de lui-même ses visites et, pressé de questions par Victor Hugo, lui avoua franchement la raison de sa discrétion. Hugo trouva certainement dans son cœur les paroles qui devaient suivre un semblable aveu, mais Sainte-Beuve disparut de sa maison. Que se passa-t-il ? Nul ne le sait. Etonnée de la désertion subite de l'ami de tous les instants, madame Victor Hugo apprit-elle de son mari le secret de Sainte-Beuve ? La chose est assez vraisemblable. Toujours est-il que la rupture devint absolument nécessaire et donna lieu aux lettres si belles, si profondément émues qui sont publiées pour la première fois.

Je cite des fragments de ces lettres, ne cherchant pas ce qui a été ou n'a pas été de ce drame intime, ne m'attachant qu'à l'expression de la douleur d'un cœur qui sent se rompre une amitié qui paraissait devoir durer autant que sa vie :

« Mon ami,

» Je n'ai pas voulu vous écrire sur la première impression de votre lettre. Elle a été trop triste et trop amère. J'aurais été injuste à mon tour. J'ai voulu attendre plusieurs jours. Aujourd'hui, je suis du moins calme, et je puis relire votre lettre sans trop raviver la profonde blessure qu'elle m'a faite. Je ne croyais pas, je dois vous le dire, que ce qui s'est passé entre nous, *ce qui est connu de nous deux seuls au monde*, pût jamais être oublié, surtout par vous, par le Sainte-Beuve que j'ai connu. Oh! oui, je vous le dis avec plus de tristesse encore pour vous que pour moi, vous êtes bien changé! Vous devez vous souvenir, si vos nouveaux amis n'ont pas effacé en vous jusqu'à l'ombre de l'image des anciens, vous devez vous souvenir de ce qui s'est passé entre nous dans l'occasion la plus douloureuse de ma vie, dans un moment où j'ai eu à choisir entre elle et vous ; rappelez-vous ce que je vous ai dit, *ce que je vous ai offert, ce que je vous ai proposé*, vous le savez, *avec la ferme résolution de tenir ma promesse et de faire comme vous voudriez* ; rappelez-vous cela, et songez que vous venez de m'écrire que, dans cette affaire, j'avais manqué envers vous *d'abandon, de confiance*, de FRANCHISE ! Voilà ce que vous avez pu écrire trois mois à peine après. Je vous le pardonne dès à présent. Il viendra peut-être un jour où vous ne vous le pardonnerez pas.

» Toujours votre ami malgré vous.

» V. H. »

D'une lettre écrite au bout de trois mois, j'extrais ce fragment d'où il ressort que la blessure faite est mal ou point cicatrisée.

«... Il faut, mon ami, que je décharge mon cœur dans le vôtre, fût-ce pour la dernière fois. Je ne puis supporter plus longtemps un état qui se prolongerait indéfiniment avec votre séjour à Paris.

» Je ne sais si vous en avez fait comme moi l'amère réflexion, mais cet essai de trois mois d'une demi-intimité, mal reprise et mal recousue, ne nous a pas réussi. Ce n'est pas là, mon ami, notre ancienne et irréparable amitié. Quand vous n'êtes pas là, je sens au fond du cœur que je vous aime comme autrefois ; quand vous y êtes, c'est une torture. Nous ne sommes plus libres l'un avec l'autre, voyez-vous ! nous ne sommes plus ces deux frères que nous étions. Je ne vous ai plus, vous ne m'avez plus, il y a quelque chose entre nous. Cela est affreux à sentir, quand on est ensemble, dans la même chambre, sur le même canapé, quand on peut se toucher la main.

» A deux cents lieues l'un de l'autre, on se figure que ce sont les deux cents lieues qui vous séparent. C'est pour cela que je vous disais : « Partez ! » Est-ce que vous ne comprenez pas bien tout ceci, Sainte-Beuve? où est notre confiance, notre mutuel épanchement, notre liberté d'allée et de venue, notre causerie intarrissable sans arrière-pensée? Rien de tout cela. Tout m'est un supplice à présent. L'obligation même, qui m'est imposée par une personne que je ne dois pas nommer ici, d'être toujours là quand vous y êtes, me dit sans cesse et bien cruellement que nous ne sommes plus les amis d'autrefois. Mon pauvre ami, il y a quelque chose d'absent dans votre présence qui me la rend plus insupportable que votre absence même ! Au moins, le vide sera complet.

» Cessons donc de nous voir, croyez-moi, encore quelque temps, afin de ne pas cesser de nous aimer. Votre plaie est-elle cicatrisée? je n'en sais rien. Ce que je sais, c'est que la mienne ne l'est pas.

. . . .

» Votre ami, votre frère,

» VICTOR. »

« J'ai fait lire cette lettre à la seule personne qui devait la lire avant vous. »

Ne sont-ce pas là des parcelles mêmes du cœur humain, et nos analystes du jour ne trouveront-ils pas que Victor Hugo était aussi leur maître en psychologie ? Son amitié avec Sainte-Beuve accepta quelque temps ce nouveau *modus vivendi*. Victor Hugo continua à correspondre avec Sainte-Beuve et on trouve dans ses lettres cette curieuse profession de foi politique qui fut en réalité une prophétie :

« Sachons attendre. La République proclamée par la France en Europe, ce sera la couronne de nos cheveux blancs. Mais il ne faut pas souffrir que des goujats barbouillent de rouge notre drapeau. Il ne faut pas, par exemple, qu'un Frédéric Soulié, dévoué il y a un an à la quasi censure dramatique de M. d'Argout, clabaude à présent en plein café qu'il va fondre des balles. Il ne faut pas qu'un Fontan annonce en plein cabaret pour la fin du mois quatre belles guillotines permanentes dans les quatre places principales de Paris. Ces gens-là font reculer l'idée politique qui avancerait sans eux. Ils effrayent l'honnête boutiquier qui devient féroce du contre-coup. Ils font de la République un épouvantail. 93 est un triste *asticot*. Parlons un peu moins de Robespierre et un peu plus de Washington. »

Que se passa-t-il plus tard, quelle lettre Victor Hugo reçut-il de Sainte-Beuve ? On l'ignore, mais il répondit par ce billet qui tranchait brutalement la situation :

« Il y a tant de haines et tant de lâches persécutions à partager aujourd'hui avec moi, que je comprends fort bien que les amitiés, même les plus éprouvées, renoncent et se délient. Adieu donc, mon ami ! Enterrons chacun de notre côté, en silence, ce qui était déjà mort en vous et ce que votre lettre tue en moi. Adieu !

» V. »

Cette lettre, écrite trois ans après celles qui précèdent, rouvre le champ des conjectures. Ce qui peut être supposé, c'est que madame Victor Hugo, ne trouvant pas la situation assez nettement établie par son mari, écrivit à Sainte-Beuve de faire en sorte qu'elle le fût. Sainte-Beuve aurait dû alors, forcé par les circonstances, adresser à Victor Hugo une lettre de rupture à laquelle celui-ci répondit par le billet qu'on vient de lire. Cette fois, la séparation fut complète, mais on peut voir par la dernière phrase de Victor Hugo que son amitié pour Sainte-Beuve était vivace.

On a beaucoup parlé jadis confidentiellement de cet orage que quelques-uns disaient avoir profondément troublé la paix du ménage de Victor Hugo. Je crois qu'il n'y faut voir que son chagrin d'avoir compris que Sainte-Beuve n'était pas à la hauteur de son amitié ; je pense aussi qu'il n'y faut rien chercher de plus, car, au bout de quatre ans de cette rupture, Victor Hugo, voyageant, adressait à madame Victor Hugo une lettre d'une grande tendresse dans laquelle il lui écrivait : « Toi qui es la joie et l'honneur de ma vie. »

Je m'arrête là. Victor Hugo, entraîné par ses triomphes, oublia Sainte-Beuve, car tout passe, comme a dit La Fontaine ; toutes choses s'amoindrissent dans l'éloignement du temps, jusqu'à ce qu'elles s'effacent et disparaissent ; mais ce qui ne saurait passer, c'est l'émotion réelle de la jeunesse, c'est l'accent d'une sincère douleur, c'est le cri humain portant avec lui, au delà des années, sa vie et son intensité en quelques traits de plume jetés sur un morceau de papier !

III

PAUL BOURGET

IDYLLE TRAGIQUE

Les jaloux des succès de M. Paul Bourget que son besoin impérieux d'analyser désobligeait et qui lui reprochaient

> d'être un de ces conteurs
> Qui n'ont jamais rien vu qu'avec un microscope,

ne pourront pas cette fois l'accuser d'avoir scrifié l'ensemble aux détails, l'action au raisonnement. *Une Idylle tragique* est un roman dans toute la force du terme, très bien construit, très bien combiné et intéressant par lui-même, sans symbole ni thèse apparente. S'il en était une dans ce livre, elle traiterait de l'amitié ; en effet, malgré le rôle qu'y joue l'amour, c'est elle qui y domine, qui conduit tout le drame, la tragédie, car en dépit du titre que lui a donné l'auteur, l'idylle y entre pour peu de chose. Deux amis d'enfance, Pierre et Olivier, se sont perdus de vue presque dès la sortie du collège et le hasard fait, lorsqu'ils se retrouvent, que l'un ait été et que l'autre soit l'amant d'une même femme, mariée à un grand seigneur étranger. Tous deux ignorent ce secret, mais la femme pressent qu'ils le devineront, car tous deux l'aiment, et si l'amour aveugle les uns, il ouvre aussi les yeux aux autres. C'est le développement des situations qu'amène forcément cette complication qui est le grand ressort du roman. Avec un rare talent, M. Paul Bourget nous montre ce qui se passe dans ces trois âmes tourmentées, et c'est de la révélation qui doit fatalement se faire que naissent les grandes scènes de son livre. L'analyste n'abdique pas, comme on le pense bien, en faveur du romancier, et nous retrouvons dans l'*Idylle tragique* toutes les qualités d'observation, toutes les inductions et déductions de son esprit ouvert et avisé ; tout cela est admirablement présenté et dit avec un charme qui fait que le lecteur a abordé avec le philosophe les questions psychologiques les plus subtiles en croyant ne s'intéresser qu'aux événements auxquels elles sont si habilement mêlées.

C'est dans le monde cosmopolite des bords de la Méditerranée, à Monte-Carlo, que M. Paul Bourget fait évoluer tous ses personnages dans

« cet endroit, si vulgaire d'habitude, et par son luxe

brutal et par la qualité des êtres auxquels il suffit...
La furie de plaisir déchaînée à travers Nice durant
ces quelques semaines du carnaval attire sur ce petit
coin de la Rivière la mouvante légion des oisifs et
des aventuriers ; la beauté du climat y retient par
milliers les malades et les lassés de la vie, les vain-
cus de la santé et du sort ; et, par certaines nuits,
lorsque d'innombrables représentants de ces diverses
classes, épars d'ordinaire le long de la côte, s'abattent
à la fois sur le Casino, leurs caractères fantastique-
ment disparates éclatent en de folles antithèses. Cela
donne l'impression d'une sorte de pandémonium cosmopolite, tout ensemble éblouissant et sinistre,
étourdissant et tragique, bouffon et poignant, où
auraient échoué les épaves de tous les luxes et de
tous les vices, de tous les pays et de tous les mondes,
de tous les drames aussi et de toutes les histoires.
Dans cette atmosphère étouffante et dans ce décor
d'une richesse insolente d'abus et ignoble de flétris-
sure, les vieilles monarchies étaient représentées par
trois princes de la maison de Bourbon, et les modernes par deux arrière-cousins de Bonaparte, tous
les cinq reconnaissables à leur profil où se reproduisaient, en vagues mais sûres ressemblances, les effi-
gies de quelques-unes des pièces jaunes ou blanches,
éparses sur le drap vert des tables.

» Ni ces princes ni leurs voisins n'y prenaient
garde, non plus qu'à la présence d'un joueur qui
avait porté le titre de roi dans un des petits États im-

provisés à même la péninsule des Balkans. Des gens s'étaient battus pour cet homme, des gens étaient morts pour lui, et sa propre couronne semblait beaucoup moins l'intéresser en ce moment que celles des monarques de pique ou de trèfle, de cœur ou de carreau, étalés sur le tapis du trente et quarante. A quelques pas, deux nobles romains, de ceux dont le nom, porté par un pontife de génie, reste associé aux plus illustres épisodes dans l'histoire de l'Eglise, poursuivaient une martingale désespérée. Et rois et princes, petits-neveux de papes et cousins d'empereurs, coudoyaient, dans la promiscuité de ce Casino, des grands seigneurs dont les aïeux avaient servi ou trahi les leurs. »

Je n'ai pu résister au plaisir de citer ce morceau, car la partie descriptive n'est pas moins saisissante dans ce livre que celle que M. Paul Bourget a consacrée à l'étude des mouvements d'âme de ses personnages.

IV

OCTAVE FEUILLET

CORRESPONDANCE

Le volume que madame Octave Feuillet publie sous ce titre : *Souvenirs et Correspondances,* faisant suite à « Quelques années de ma vie, » offre un double intérêt, et par les récits très curieux du monde où a vécu la femme de l'illustre auteur de « M. de Camors, » et par la correspondance d'Octave Feuillet au moment de l'invasion allemande. Son caractère ne se dément jamais, son patriotisme et son dévouement à l'Empereur sont inébranlables. Octave Feuillet raconte de la façon la plus touchante ses entrevues sur la terre d'exil avec le souverain et la souveraine qui l'honoraient de leur amitié, et c'est un spectacle réconfortant que celle de cette fidélité d'un homme à côté de l'oubli et de l'ingratitude de tant d'autres. Bien des pages seraient à citer de cet ouvrage : impressions de voyage, notes mondaines, mais, malgré soi, on revient toujours aux chapitres de l'histoire de nos désastres que Feuillet raconte avec tant de sincère émotion. De son entrevue avec Napoléon III à Chiselhurst, j'extrais ces deux pages seules, mais bien significatives et touchantes :

« J'étais, sans m'en douter, en allant, dans le même train que le prince impérial, qui revenait du collège avec son précepteur et le jeune Conneau. Comme je descendais de wagon à la petite gare de Chiselhurst, j'ai été tout surpris de m'entendre appeler par mon nom. C'était le prince qui avait vraiment l'air heureux de me voir. Il a étonnamment grandi. C'est tout à fait un adolescent, distingué, gracieux, un peu frêle. Il m'a fait monter dans la voiture qui l'attendait, et nous avons gravi la colline en babillant.

» Camden House n'est pas du tout un château. C'est une maison de riche gentilhomme anglais, mais nullement de grand seigneur.

. . . .

» Les journalistes qui font un palais de cette maison sont des menteurs ou des gens qui n'ont jamais vu un palais ni même un salon. Il n'y a qu'un valet de pied à la porte. J'ai pu reconnaître à certains détails que le train de maison est très court et très strict.

» Le prince a couru gentiment m'annoncer à son

père, qui est venu aussitôt à moi dans la galerie. Il m'a paru, non pas plus gros, mais élargi. L'envergure d'une épaule à l'autre est énorme. Sa démarche est lente, un peu lourde, mais ferme. Ses cheveux n'ont pas blanchi. Il a toujours sa grosse impériale et ses moustaches, mais pas cirées, et porte une redingote avec une décoration multicolore.

» — Venez, m'a-t-il dit en me serrant la main fortement.

» Et il m'a emmené dans le salon, après quoi il a pris une chaise et m'en a avancé une, pendant que le duc de Bassano et le prince de la Moskowa, présents à mon arrivée, se retiraient discrètement. L'Empereur m'a demandé d'une voix émue des nouvelles de France.

» — Sire, lui ai-je dit en lui montrant les journaux, vous êtes aussi bien informé que moi.

» — Et la fusion, que devient-elle ?

» — Sire, je ne pense pas qu'elle aboutisse. Cela se machine dans les salons. C'est un arrangement de surface qui n'a guère de racine dans le pays.

» — Cependant, tous les députés légitimistes qu'on a envoyés à la Chambre ont eu lieu de se faire illusion ?

» — Sire, on ne les renommerait pas aujourd'hui.

» — Je le crois, la fusion me paraît, en effet, bien difficile.

. . . .

» Le comte de Chambord n'ayant pas d'enfants,

rien ne paraît plus simple que de lui donner le comte de Paris pour héritier. Mais, à l'application, il y a des obstacles invincibles. Comment effacer tant de souvenirs qui séparent les deux familles? Les d'Orléans ont perdu leur popularité en s'alliant au comte de Chambord.

» — Je suis entièrement de l'avis de l'Empereur.

» — Ils effraient maintenant, au lieu de les ramener, les masses énormes issues de la Révolution. Ils n'avaient, il me semble, qu'un rôle à jouer : c'était celui de la dynastie protestante en Angleterre. Ils devaient l'accepter franchement.

» — C'est très juste.

» — M. Thiers avait aussi un rôle superbe, celui d'un Washington au petit pied. Il devait réorganiser la France, dominer le désordre et faire ensuite appel au peuple. Je ne le dis pas dans mon intérêt, mais un appel au peuple réveillerait peut-être ce malheureux pays et en ferait sortir un élan, quelque chose de vivant et de sain, un grand mouvement comme celui que vous avez vu en Angleterre pendant la maladie du prince de Galles. La France est bien démoralisée. Toutes ces révolutions, qui insultent le lendemain ce qu'on respectait la veille, ne laisseront pas un principe debout.

» De là, je suis venu à lui parler de l'état d'anxiété de la France, de l'insécurité de la vie, de la comparaison qu'on ne pouvait manquer de faire entre ce misérable état de guerre sociale, toujours menaçante d'inquiétudes et d'angoisses permanentes, avec les vingt années de calme et de prospérité de l'Empire.

» — Oui, a dit l'Empereur d'un ton triste ; on m'en veut naturellement de cette malheureuse guerre. Et quand je pense, a-t-il ajouté en fixant sur moi ses yeux gris avec un doux sourire, que si nous avions eu quinze jours de plus, malgré tout ce qui nous manquait, nous étions maîtres de la situation... Que dit-on de l'armée ?

» — Sire, on dit qu'elle est animée d'un bon esprit.

» — Hou !

» — La France ne compte que sur elle et sur Mac-Mahon.

» — Mac-Mahon ! c'est un heureux, il est populaire, et cependant !...

» Un long silence s'est fait.

» — C'est un honnête homme, a-t-il ajouté, et il a eu le bonheur d'être blessé ! »

Que de choses dans ces quelques mots, suivis d'une autre conversation où Octave Feuillet rappelle que l'Empereur avait été poussé à cette guerre par l'opposition qui lui refusait les moyens qu'il croyait nécessaires : il rappelle les paroles de Thiers, traitant de « fantasmagorie » les armements de la Prusse, signalés par le maréchal Niel ; il rappelle bien d'autres choses qu'il faut lire dans ce livre où sont pieusement recueillies un grand nombre de lettres du charmant écrivain.

V

ERNEST RENAN

LETTRES INTIMES

Les *Lettres intimes* d'Ernest Renan, pour ne toucher qu'aux premières années de la vie active du grand écrivain-philosophe, 1842-1845, n'en sont pas moins d'un très vif intérêt. Dans ces lettres, qui alternent avec celles que sa sœur Henriette lui écrivait, on suit les étapes de deux esprits — j'allais dire de deux âmes — qui, désireux de vérité, trop pressés peut-être de la connaître, ignorant qu'on ne la captive jamais d'une façon absolue, passent de la religion au doute et du doute à la négation. Dans ce livre amer, inquiet, il n'y a place que pour les déceptions, les mécomptes de la vie : pas un sourire ne vient éclairer une seule de ces pages écrites par des gens de vingt ans. Les soucis matériels, l'organisation de l'existence, la raison, la logique y prennent une large part, et c'est comme un repos pour le lecteur de revenir, au premier chapitre du livre : « Ma sœur Henriette, » à l'admirable portrait que Renan a fait de celle qu'il chérissait si justement. Je ne sais rien de plus touchant dans sa simplicité que ce récit qui restera comme un chef-d'œuvre de langue et de délicatesse de cœur :

« La mémoire des hommes n'est qu'un imperceptible trait du sillon que chacun de nous laisse au sein de l'infini. Elle n'est cependant pas chose vaine. La conscience de l'humanité est la plus haute image réfléchie que nous connaissions de la conscience totale de l'univers. L'estime d'un seul homme est une partie de la justice absolue. Aussi, quoique les belles vies n'aient pas besoin d'un autre souvenir que celui de Dieu, on a toujours cherché à fixer leur image. Je serais d'autant plus coupable de ne pas rendre ce devoir à ma sœur Henriette que seul j'ai pu connaître les trésors de cette âme élue. Sa timidité, sa réserve, cette pensée chez elle arrêtée qu'une femme doit vivre cachée, étendirent sur ses rares qualités un voile que bien peu soulevèrent. Sa vie n'a été qu'une suite d'actes de dévouement destinés à rester ignorés. Je ne trahirai pas son secret ; ces pages ne sont pas faites pour le public, et ne lui seront pas livrées. Mais ceux qui ont été du petit nombre à qui elle se révéla me feraient un reproche si je ne cherchais à mettre par ordre ce qui peut compléter leurs souvenirs. »

Voici un paragraphe utile à consulter pour ceux qui croient que la langue de nos pères est trop vieille pour traduire les pensées soi-disant nouvelles. Parlant de sa sœur, Renan dit :

« Elle admettait très peu les écrivains de nos jours, et quand elle vit les essais que j'avais composés avant notre réunion, et qui n'avaient pu arriver jusqu'à elle, en Pologne, ils ne lui plurent qu'à demi. Elle en partageait la tendance, et, en tout cas, elle pensait que dans cet ordre de pensées intimes, exprimées avec mesure, chacun doit donner ce qui est en lui avec une entière liberté. Mais la forme lui paraissait abrupte et négligée ; elle y trouvait des traits excessifs, des tons durs, une manière trop peu respectueuse de traiter la langue. Elle me convainquit qu'on peut tout dire dans le style simple et correct des bons auteurs et que les expressions nouvelles, les images violentes viennent toujours ou d'une prétention déplacée, ou de l'ignorance de nos richesses réelles. »

N'est-ce pas là une pièce importante au dossier de la défense de notre belle langue française ?

VI

MAURICE TALMEYR

SUR LE BANC

M. Maurice Talmeyr publie la troisième série de : *Sur le banc*, impressions et portraits d'audience. Je n'ai plus à faire l'éloge de la façon dont M. Talmeyr sait voir et fait voir. C'est à la manière de Forain ou de Renouard qu'il reproduit les physionomies de ces gens qui se dirigent par troupeaux vers les bancs des accusés, et qui en ressortent, quelques-uns par la porte de tout le monde, beaucoup par celle qui conduit aux maisons de répression, aux prisons, au bagne, et d'autres par celle qui mène au delà de la vie. Les scènes racontées par M. Talmeyr sont d'une vision si nette qu'entrées dans la mémoire elles n'en sortent plus ; elles y sont fixées avec la précision d'une photographie instantanée mais, de plus, elles gardent la vie que la main seule de l'artiste y peut nettre. Je ne citerai pas ces résumés qui ont l'intensité d'intérêt de la réalité, mais une page de la préface qu'il leur a faite, pour donner idée de la façon dont M. Talmeyr a étudié le monde criminel. Pour lui, tout coupable est un détraqué ; il l'est ordinairement par sa faute, parce qu'il veut l'être, mais le détraquement n'en est pas moins évident, et le fait seul de violer la loi morale, comme on la viole dans un crime, prouve, pour lui, une rupture et un déséquilibrement :

« Le criminel, s'il n'était pas inexact d'en faire une race, pourrait se diviser en deux espèces, et nous apparaît, en effet, sous deux aspects : le criminel par absence de sensibilité morale, et le criminel par exaltation de cette même sensibilité, l' « anesthésié » et l' « hyperesthésié ».

» Vous voyez, devant vous, un être qui vous semble de bois ou de pierre. Il a commis les plus atroces cruautés, les immoralités les plus exorbitantes, les scélératesses les plus horribles, et ne paraît même pas s'en douter. Il les raconte avec calme, comme des choses indifférentes. Il a assommé toute une famille, piétiné les cadavres, écrasé les figures à coups de chenet ou de soulier, et n'en éprouve aucune émotion. Il vous avoue même ces horreurs si tranquillement qu'il n'a pas l'air de les avoir commises. Il sait bien, cependant, pour l'avoir lu dans les livres et l'avoir entendu dire, qu'on ne doit ni tuer ni voler, et que la loi punit le meurtre et le vol ; mais il n'a rien, en lui, qui répugne naturellement à l'idée du meurtre et du vol ; rien qui hésite à prendre ce qui n'est pas à lui, rien qui souffre de faire souffrir. Il y a comme une erreur dans sa constitution morale, comme un oubli ; il lui manque une muqueuse ; il ressemble à ces cataleptiques dans la chair desquels on enfonce des épingles, sans qu'ils les sentent. C'est l'indifférent, la brute, le criminel par insensibilité, l' « anesthésié ».

» A présent, en voici un autre, et celui-là ne cesse pas de pleurer. Il sanglote, suffoque, trempe son mouchoir, et tout cela très sincèrement, car il est de naturel tendre, il a le cœur délicat, et les infidélités de sa maîtresse l'accablent de mélancolie. Il aime les fleurs, les champs, la campagne, les petits oiseaux ; ses yeux se mouillent aux refrains de romance, et la musique des régiments lui rend l'âme patriotique. Il donnerait sa vie, au théâtre, pour sauver les braves gens qu'il voit persécuter dans les pièces de l'Ambigu. Comment donc a-t-il pu commettre exactement le même crime que l'autre ? Est-il vraiment bien possible qu'il ait, lui aussi, étranglé, assommé, massacré des vieilles femmes et des enfants ? Et c'est pourtant ce qu'il a fait, et ce qu'il avoue dans ses sanglots. Il est désespéré, il fond en remords et en larmes, mais n'en dévalise pas moins les villas et n'en assassine pas moins les gens à l'occasion. C'est le criminel par exaltation, par affolement nerveux, c'est l' « hyperesthésié ».

» Je me rappelle avoir vu, à une exécution capitale, dans le public venu là comme à une partie de plaisir, deux jeunes scélérats qui devaient, un peu plus tard, friser eux-mêmes le couteau. Nous attendions l'heure de l'exécution chez un marchand de vin ouvert près du Dépôt, quand une bande de cinq ou six jeunes garçons entra dans l'établissement, et frappa tout de suite comme d'un malaise les autres consommateurs. On aurait dit des ouvriers, mais des ouvriers qui ne travaillaient pas, et deux d'entre eux, rien que par leur figure, pouvaient justifier l'impression qu'ils produisaient. Coiffé d'une casquette de canotier trop grande pour lui, l'un d'eux, un petit blond, avait une froideur, une sécheresse, une immobilité de visage qui vous glaçaient. Pas un trait ne bougeait, et n'avait son *ourlet* ; pas de lèvres, pas de narines, pas de paupières ; deux petits yeux ronds, d'un gris sans regard, dans une petite figure grosse comme le poing, où tout était découpé comme au canif. Il ne paraissait pas même doué de respiration. L'autre, au contraire, avait une physionomie d'une mobilité, d'une nervosité, d'une sensualité extraordinaires, un teint moite, une bouche énorme et saignante, agitée d'un rire, des yeux lourds pleins de feu et de larmes, et comme une peau suante, chaude, et tirée par des tics. Je vois toujours ces deux êtres devant moi, ils me sont toujours restés dans l'œil, et j'ai peu retrouvé de criminels qui n'eussent pas quelque chose de l'un ou de l'autre. »

A voir tous ces monstres, M. Talmeyr, chose sin
gulière, mais que l'on pourra s'expliquer en faisan
un retour sur certaines impressions personnelles, n'
pas pris seulement les criminels en horreur, il s'es
aussi, jusqu'à un certain point, montré sévère pou
leurs victimes :

Un fléau mérité par la société, c'est à peu près là
en un mot, tout ce que lui a paru le criminel, dans s
stations au Palais ; il a noté la singulière impressic
que lui ont souvent laissée les victimes. A côté de
monde lugubre, fétide et grotesque des malfaiteur
elles lui ont presque semblé, dans beaucoup de ci
constances, constituer, elles aussi, un monde ass
peu digne d'émouvoir. Excepté les enfants et en r
servant certains cas, l'étrange ou sinistre théorie de
volés et des assassinés ne vaut pas pour lui la pit
que nous lui accordons.

. . . . , . .

« Le voleur et l'assassin volent et assassinent pr
d'eux ; ils opèrent dans ce qu'on pourrait appeler
rayon de leur boue. Nous trouvons un malheure
ou une malheureuse étranglés un matin chez eux,
l'on n'arrive pas à expliquer le meurtre. Ne cher
chons pas trop ! Il vaut peut-être mieux, pour l'ho
neur des étranglés, que nous ne trouvions pas. L
crimes les plus fréquents s'accomplissent sur les fille
les avares, les vicieux, les fous, et, même sur l
autres, laissent comme une marque de foudre, comm

une trace de la colère immanente. Il y a des malades et des infirmes dont les maladies et les infirmités font penser à on ne sait quelle expiation ; il en est de même, dans les meurtres, pour la plupart des victimes. On dirait qu'elles subissent un châtiment, qu'elles payent une dette mystérieuse, et ces morts atroces, ces basses tragédies, n'annoncent pas des fins d'honnêtes gens. On y sent comme une logique et une revanche ; elles accusent quelque chose de pourri dans l'état social, et le criminel semble promener sur sa route comme une espèce de justice. »

Telle est la théorie de M. Talmeyr, théorie dont les conclusions ne sont heureusement pas toujours une règle absolue.

VII

EMILE ZOLA

ROME

Justement effrayé de sentir l'incrédulité se glisser dans son cœur, l'abbé Pierre Froment avait voulu demander à la religion des simples, des humbles, de lui rendre la foi qu'avait ébranlée le vent d'athéisme qui souffle sur notre temps. Plein de bonne volonté, du désir, du besoin impérieux de croire, il avait été à Lourdes, espérant être à son tour revivifié par l'atmosphère religieuse dans laquelle il vivrait avec tant de milliers de croyants, par des miracles que la science et la philosophie l'avaient amené à considérer comme des erreurs, sinon des impostures. Ardemment il avait voulu redevenir chrétien, catholique, mais ce qu'il avait vu n'avait pas suffi pour convaincre sa raison, et il était revenu de Lourdes découragé et de plus meurtri par des épreuves que son cœur n'y attendait pas ; peu s'en était fallu alors qu'il jetât sa soutane pour suivre le courant des idées philosophiques, des rêves de révolution sociale qui le hantaient ; le seul dégoût du parjure le retint et, revenu à Paris, il résolut de fermer son esprit à l'examen de toute question qui serait en dehors de la foi absolue, irraisonnée, que prescrit l'Église.

La charité lui paraissant le dérivatif le plus puissant aux idées de doute qui venaient l'obséder, il s'y adonna avec passion, étudiant, soulageant autant qu'il le pouvait, les horribles misères de nos faubourgs. La pitié l'envahit, une immense pitié, qui lui fit constater l'inégalité farouche des conditions, qui ramena dans son cœur le doute de la justice éternelle et, finalement, lui rendit le désespoir de son incrédulité. Mais le prêtre, refusant de céder à l'esprit tentateur, sentant que la religion des humbles, la foi chrétienne, le fuyait, voulut, pour pousser jusqu'au bout l'épreuve, les tourner vers la foi des intellectuels, celle qu'admettent ceux qui tirent de leur raison ce que d'autres ne demandent qu'à leur instinct ; fiévreusement, il soulagea son âme en consignant dans un livre, *la Rome nouvelle*, toutes les pensées qui lui étaient venues pour rendre acceptables des mystères, des dogmes qui lui semblaient d'abord révolter la raison ; il rêva d'un rajeunissement de l'Église et d'un nouveau christianisme qui ne serait autre que le christianisme primitif ; en un mot, l'alliance du catholicisme avec l'évolution sociale, une fusion qui en même temps sauverait l'Église en péril et fortifierait le grand mouvement qui se préparait. Puis, dans ce livre, il avait fait le portrait idéal du pape prédestiné qui serait chargé du salut des peuples. Ce pape n'était autre que Léon XIII, à qui il montrait du doigt la voie à suivre, abordant toutes les questions, même celle du pouvoir temporel, sans se douter un instant que la Congrégation de l'Index pourrait bien s'émouvoir des dangereuses idées du réformateur.

C'est de cette réformation, de cette idée d'un schisme possible, qu'est né le livre très développé, je n'ose pas dire le roman, de M. Emile Zola que nous analysons.

La partie romanesque y tient, en effet, une très petite place ; c'est l'histoire de deux amants mourant foudroyés par un poison destiné à un cardinal qui fait ombrage à un autre comme candidat au Saint-Siège, dans le cas où le pape Léon XIII viendrait à mourir. Cette action, si sombre qu'elle soit, devient forcément secondaire dans un livre qui contient à la fois l'histoire de la Rome de l'antiquité, de celle des Papes, de celle d'aujourd'hui ; elle n'a pour but que de rendre plus légère une lecture qui semble destinée plus aux hommes qui s'occupent de politique et de questions sociales, qu'aux femmes qui cherchent l'intérêt d'une intrigue à péripéties. Certes, les malheurs de cette jeune divorcée et de ce brave et beau jeune homme, qui tous deux restent de nos jours les héros d'un drame violent du xvie siècle, sont touchants, mais que deviennent-ils à côté des grandes questions religieuses et sociales abordées par M. Zola, ou du moins par son protagoniste, et qui tiennent plus des trois quarts de ce livre ? Quelques parties aussi en sont consacrées à l'art, à des détails de la vie romaine moderne, mais c'est le Vatican, c'est le Pape, sa politique, l'avenir de la papauté et de notre religion qui en sont le véritable et sévère sujet.

Avec une rare naïveté, l'abbé Pierre est venu à Rome en nourrissant l'espoir de faire partager ses idées à ceux qu'il combat, mieux, qui devraient disparaître si ses idées venaient à triompher.

Et quelles idées ! « Le christianisme redevenant la religion de justice et de vérité qu'il était, avant de s'être laissé conquérir par les riches et par les puissants. Les petits et les pauvres régnant, se partageant les biens d'ici-bas, n'obéissant plus qu'à la loi égalitaire du travail. Le Pape seul debout, à la tête de la fédération des peuples, souverain de paix, ayant la simple mission d'être la règle morale, le lien de charité et d'amour qui unit tous les êtres. »

Tout naturellement, si un individu vient vous proposer de détruire votre maison et vos meubles dans le but de vous installer plus confortablement, on a bien le droit de demander à cet individu comment il s'y prendra pour démolir et pour reconstruire ; les moyens proposés par l'abbé Pierre parurent très probablement trop radicaux aux cardinaux qui voulurent bien examiner en détail le livre condamné, et la sentence de la Commission de l'Index fut maintenue ; toujours acharné dans la voie qu'il s'était tracée, il obtient enfin une audience du Saint-Père qui tombe d'accord sur tous les points avec les juges et force le prêtre imprudent à renier son œuvre et à condamner toutes ses propositions.

Dans les très nombreuses pages de cet entretien on trouvera le résumé de toute la politique du Saint-Père, politique libérale qui, si elle est approuvée par le plus grand nombre des cardinaux, ne l'est pas par tous. Et ici je dois citer cette éloquente apostrophe d'un de ces derniers, qui est bien la pensée de quelques-uns :

» La vérité terrible, c'est que les dix-huit années de concession de Léon XIII ont tout ébranlé dans l'Église et que, s'il régnait longtemps encore, le catholicisme croulerait, tomberait en poudre, ainsi qu'un édifice dont on a sapé les colonnes... Il a dit qu'intraitable sur le fond, il cédait volontiers sur la forme. Parole déplorable, diplomatie équivoque, quand elle n'est pas qu'une simple et basse hypocrisie ! Mon âme se soulève à cet opportunisme, à ce jésuitisme qui ruse avec le siècle, qui est fait seulement pour jeter le doute parmi les croyants, le désarroi du sauve-qui-peut, cause prochaine des irrémédiables défaites ! Une lâcheté, la pire des lâchetés, l'abandon de ses armes afin d'être plus prompt à la retraite, la honte d'être soi tout entier, le masque accepté dans l'espoir de tromper le monde, de pénétrer chez l'ennemi et de le réduire par la traîtrise !...

» L'unité, la fameuse unité qu'on lui fait une gloire si grande de vouloir rétablir dans l'Église, ce n'est là que l'ambition furieuse et aveugle d'un conquérant qui élargit son empire, sans se demander si les nouveaux peuples soumis ne vont pas désorganiser son ancien peuple... N'est-ce pas à la fois un danger et une honte, cette prétendue alliance avec la démocratie, cette politique que suffit à condamner l'esprit séculaire de la papauté ? La monarchie est de droit divin, l'abandonner est aller contre Dieu, pactiser avec la Révolution, rêver ce dénouement monstrueux d'utiliser la démence des hommes pour mieux rétablir sur eux son pouvoir.

» Toute république est un état d'anarchie, et c'est dès lors la plus criminelle des fautes, c'est ébranler à jamais l'idée d'autorité, d'ordre, de religion même, que de reconnaître la légitimité d'une république, dans l'unique but de caresser le rêve d'une conciliation impossible... Aussi voyez ce qu'il a fait du pouvoir temporel. Il le réclame bien encore, il affecte de rester intransigeant sur cette question de la reddition de Rome. Mais, en réalité, est-ce qu'il n'en a pas consommé la perte, est-ce qu'il n'y a pas renoncé définitivement, puisqu'il reconnait que les peuples ont le droit de disposer d'eux, qu'ils peuvent chasser leurs rois et vivre comme les bêtes libres, au fond des forêts ? »

Persistant dans son intransigeance catholique, le cardinal affirme que le libéralisme du Saint-Père lui sera fatal et que jamais la victoire n'est venue à l'Église que lorsqu'elle s'est obstinée dans son intégralité, dans l'éternité immuable de son essence divine. Il est certain, pour lui, que le jour où elle laisserait toucher à une seule pierre de son édifice elle croulerait. Il rappelle qu'au concile de Trente, l'Église n'a été sauvée que parce qu'elle a eu le divin entêtement de s'enfermer dans le dogme étroit, et qu'elle n'a rien voulu concéder. Et l'abbé Pierre voit enterrer ses théories par cette phrase significative : « Vouloir accommoder le catholicisme aux temps nouveaux, c'est hâter sa fin s'il est vraiment menacé d'une mort prochaine, comme les athées le prétendent. » Ce en quoi les athées ont tort et dont ils seraient vite détrompés s'ils se voulaient donner la peine de regarder les fidèles qui, plus nombreux que jamais, emplissent les églises, non seulement aux grands jours fériés mais aux heures des sim—

ples offices. Un peu plus le cardinal, qui décidément n'a pas les mêmes idées que l'abbé Pierre, eût clos son discours par ces trois vers de Théophile Gautier qui me reviennent à la mémoire :

> Pourquoi vouloir sauver Rome de la ruine ?
> Rome se sauvera toute seule très bien,
> Les destins sont écrits et nous n'y ferons rien !

Et de fait notre pauvre abbé voit bien probablement les choses plus noires qu'elles ne sont réellement. Évidemment M. Emile Zola a mis ce véhément réquisitoire du cardinal contre Léon XIII, à la fin de son livre, comme un correctif aux théories d'un disciple de Garibaldi et de Mazzini, le vieil Orlando dont les rêves sont assez d'accord avec ceux de l'abbé Pierre. Une très curieuse physionomie que celle de cet Orlando, républicain farouche, mais à la façon des Italiens qui, comme les Belges les plus libéraux, n'en sont pas moins dévoués à leur roi, aimant mieux, et pour cause, la République chez nous que chez eux. Ce qui ne l'empêche pas de sourire à un tout jeune anarchiste qu'il reçoit, et qu'il gronde doucement comme un petit enfant qui n'est pas sage parce qu'il a conçu le blâmable projet de faire sauter Rome et ses habitants... — « Voyons, lui dit-il, voyons, mon enfant, il faut que tu me promettes d'être raisonnable. » Ce à quoi l'adolescent, beau d'une beauté de fille blonde, répond d'une voix d'ange : « Je suis raisonnable, ce sont les autres qui ne le sont pas ! » Et il explique ses projets, l'universelle démocratie, purifiée par le feu, par tous les moyens possibles ! Le vieux républicain sourit à tous ces enfantillages, embrasse affectueusement Angiolo qui rougit, et le congédie ; celui-ci salue poliment et se retire. Évidemment, ce garçon-là est de ceux qui passent un temps considérable, qu'ils pourraient utiliser à travailler, à composer un terrible engin qui doit anéantir d'un coup tous les détenteurs du capital et qui, presque invariablement, se borne à hacher un ouvrier qui passe dans la rue ou à couper en deux un garçon de café qui sert un client.

Ce petit épisode nous a un peu éloigné de notre sévère sujet et des idées politiques du vieil Orlando, sur lesquelles s'orientaient d'abord celles de notre réformateur ; là aussi il en dut rabattre de ses espérances, car le disciple de Garibaldi professait des opinions bien autrement pratiques que les siennes ; il avait devant lui un opportuniste s'il en fut, un homme aux plus belles envolées dans la conversation, mais au bon sens le plus pratique dans l'action ; très nettement il lui explique, à propos de l'alliance allemande, qu'au lendemain de la conquête de Rome sur le Pape, dans leur frénétique désir de reprendre leur rang d'autrefois, les Italiens s'étaient trouvés dans l'obligation de jouer leur rôle en Europe, de s'affirmer comme une puissance avec laquelle on compterait désormais. « Et, dit-il, l'hésitation n'étant pas permise, tous nos intérêts semblaient nous pousser vers l'Allemagne, il y avait là une évidence qui s'est imposé. » Très nettement il déclare que l'alliance allemande a ruiné les Italiens, que ces derniers n'étaient pas encore de taille à marcher de compagnie avec une si riche et si puissante personne et que c'est en vue de la guerre sans cesse prochaine, jugée inévitable, qu'ils souffraient si cruellement à cette heure de leurs budgets écrasants de grande nation. « Ah ! s'écrie-t-il naïvement, cette guerre qui n'est pas venue, elle a épuisé le meilleur de notre sang, notre sève, notre or, sans profit aucun ! Aujourd'hui, nous n'avons plus qu'à rompre avec une alliée qui a joué de notre orgueil, sans jamais nous servir en rien, sans qu'il nous soit venu d'elle autre chose que des méfiances et d'exécrables conseils. »

Voilà ce qui s'appelle parler en sage et l'on voit que, de quelque côté qu'il se tourne, notre pèlerin ne trouve personne que le jeune anarchiste qui soit de son avis, aux moyens près. Et la conclusion du livre? demandera-t-on : il n'y en a pas ; le héros de M. Zola se résout à revenir de Rome un peu moins avancé que lorsqu'il est revenu de Lourdes. Que va-t-il faire à Paris maintenant que, comme prêtre, il a dû renoncer à toutes ses idées ; mais, hélas ! si on renonce à ses idées, elles ne renoncent pas toujours à vous, et je ne vois guère pour l'abbé Pierre d'autres ressources, désormais, que de créer un schisme, ce qui, malheureusement, ne se fait pas aussi facilement qu'on le pourrait croire. Le meilleur serait pour lui de constater qu'au fond il n'est, malgré toute son honnêteté de conscience, qu'un mauvais prêtre incapable d'enseigner et de défendre sa religion. Dans ce cas, rendu à la vie ordinaire, il pourrait devenir un philosophe libre de répandre ses idées personnelles, peut-être quelque jour un député socialiste d'une nuance nouvelle. En tout cas, il devrait penser à ceci. que rien ne se fait ici-bas qu'avec le temps, qu'il n'est pas permis à l'homme d'aller d'un autre pas que celui qui lui est assigné, attendant, comme toute la nature terrestre, que l'heure du printemps, de l'été, de l'automne ou de l'hiver ait sonné ; insensé qui croit en poussant une aiguille avancer le temps d'une seule seconde, il détraque l'horloge et voilà tout.

VIII

HENRI LAVEDAN

LEURS SŒURS

Continuant ses fines études du monde des mondains, M. Henri Lavedan, après nous avoir montré la jeunesse masculine du jour, nous montre maintenant la jeunesse féminine qui n'est guère meilleure, pour une petite partie, nous l'espérons ; ce seraient, en effet, de singulières épouses et d'étranges mères de famille que celles qu'il range dans la catégorie intitulée : *Leurs Sœurs*, et qu'il nous montre aussi bien en négligé que dans le monde, aussi bien à demi nues dans les salons que sur les plages. Il y a dans ce volume de vingt saynètes de quoi faire rêver ceux qui songent au mariage ; heureusement, M. Lavedan n'a-t-il voulu voir les choses que comme elles sont, sans les aggraver pour « l'effet », nous présentant, à côté des écervelées et de celles qui tourneront à gauche, des jeunes filles dignes de ce nom et qui sont comme la réserve de notre société.

Je n'ai que l'embarras du choix pour trouver un joli morceau à citer parmi ces exquises études ; je prends le commencement du « Bal marin », un des morceaux les plus curieux du volume :

> La scène se passe au bord de la mer, le matin, vers les dix heures et demie. Un Cabourg ou un Houlgate quelconque. Les trois jeunes filles sont assises par terre, sur la plage, et regardent le monde se baigner.

SUZANNE, *à Catherine*. — Tu ne te déshabilles pas encore ?

CATHERINE. — Dans une heure seulement.

SUZANNE. — Moi aussi. On dit que l'eau est délicieuse, chaude comme du potage.

CATHERINE. — Elle peut bien faire ça pour nous aujourd'hui ; elle était assez désagréable hier. Mâtin ! (*A Louise*). Toi, tu n'en uses pas ?

LOUISE. — Mon médecin me l'a défendu.

CATHERINE. — C'est un apprenti, ton médecin. La mer n'a jamais fait de mal à personne.

LOUISE. — Demande aux veuves de pêcheurs.

CATHERINE. — C'est différent. Si les pauvres pêcheurs trouvent la mort dans cette flaque, tu m'avoueras qu'ils la cherchent bien ?

LOUISE. — Je ne suis pas de ton avis. Et puis, quand même, ça ne me plairait guère.

SUZANNE. — De te baigner ? Pourquoi ?

LOUISE. — A tous les points de vue.

CATHERINE. — Ah! oui. Tu es une de nos dernières collet-monté. La Ligue contre la licence des plages.

LOUISE. — Mais non. Seulement, j'ai mes idées. Vous avez bien les vôtres.

CATHERINE, *à Suzanne*. — A qui as-tu accordé ton bain, ce matin?

SUZANNE. — Je ne m'en souviens plus. Je vais te dire ça (*Elle tire de sa poche un petit calepin en cuir de Russie qu'elle feuillette*). Voyons?... Mardi?... Baron de Cambo.

CATHERINE. — Moi, je l'ai demain. Aujourd'hui, j'ai Paul Chasselat. C'est la première fois que tu as Cambo?

SUZANNE. — Oui.

CATHERINE. — Tu en seras contente. Il fait la coupe épatamment. Et puis, si on a une crampe, une paille dans le jarret, on peut être tranquille; il a une poigne d'acier.

SUZANNE. — Il vous tient?

CATHERINE. — Et roide! La semaine dernière, il m'a tenue dans le dos par ma ceinture pendant deux minutes. Ah! je te jure qu'il était fier et qu'il n'avait pas envie de lâcher sa danseuse.

LOUISE. — C'est du propre!

CATHERINE. — L'autre là, la terrestre, qui fait des manières!

SUZANNE, *à Louise*. — Qu'est-ce que tu trouves à redire? Dans un salon, les messieurs vous écrasent bien contre leur cœur, avec le bras enroulé en cache-nez autour de la taille. En quoi est-ce plus inconvenant dans l'eau ?

LOUISE. — Dans l'eau, vous êtes toutes nues !

CATHERINE. — Au bal aussi.

LOUISE. — Moins.

SUZANNE. — Allons donc ! Pas de partout, mais davantage (*A Catherine*). As-tu beaucoup de bains retenus ?

CATHERINE. — Dix-sept.

SUZANNE. — Moi, je suis louée jusqu'à la fin de la saison. Plus un jour de libre.

CATHERINE, *à Louise*. — C'est drôle que tu ne trouves pas ça gentil mon idée de se faire demander des bains par ces messieurs, comme si c'étaient des polkas et des valses ? Je suis très gonflée d'avoir eu ce trait de génie au début des vacances. J'appelle ça le bal marin. Et puis il y a un tas de raffinements. Ainsi, les jours de grande marée sont les plus recherchés, et j'ai déjà été obligée de les tirer à la courte paille.

LOUISE. — Pourquoi sont-ils plus recherchés ?

CATHERINE. — Parce que la mer s'en va plus loin, et alors c'est amusant, ça amène de l'imprévu, des rochers découverts qu'on ne connaît pas, des trous, des coquillages... C'est comme qui dirait le cotillon du bal, comprends-tu ?

SUZANNE. — Et les fois où la mer est un peu forte, et où on ne peut pas quitter pied ? Moi, ces jours-là, le commerce va, je vous en réponds, ils prennent tous des numéros, mes danseurs ; c'est à qui me tiendra sur la vague.

LOUISE. — En voilà un plaisir !

SUZANNE. — Mais je t'écoute ! On fait les arcs-boutants, on tombe, on roule ensemble dans le bouillon, on se repêche les uns, les autres. Oh ! il n'y a rien qui ne plaise autant aux grands garçons que ces barbotages !

CATHERINE. — Les forts nageurs, quand le temps est serein, on leur accorde une jolie promenade de cinq ou de dix minutes, côte à côte, à belles brasses tranquilles.

LOUISE. — Et ceux qui ne savent pas nager, qu'est-ce que vous leur donnez ?

SUZANNE. — On les inscrit pour une trempette.

LOUISE. — C'est fade.

SUZANNE. — Pas du tout. Il y a un tas de trempettes ; la trempette bonne-femme, pure et simple ; la trempette avec la tête ; la trempette-Cronstadt, les ambes en l'air... Voilà de quoi rire et s'amuser.

LOUISE. — Eh bien, et vos mères, pendant la trempette-Cronstadt ?

SUZANNE. — Elles font du crochet sous les tentes rayées.

M. Lavedan ne pousse pas de cris de moraliste dont la pudeur est effarouchée, il nous montre une photographie, une vue instantanée saisie au bord de la mer, nous laissant le droit de tirer nos conclusions ; les nôtres sont que la plupart de ces filles sont bien évaporées, que leurs mères sont simplement idiotes sinon odieuses, et que le livre de M. Lavedan est à la fois sérieux et bien amusant.

IX

FRANÇOIS COPPÉE

LE COUPABLE

C'est d'abord un tableau très lumineux, très enlevé de la vie de jeunesse, puis une comédie sociale, puis un drame terrible et sombre que M. Coppée nous montre dans le livre qu'il vient de publier sous ce titre *le Coupable*. L'idée du roman est généreuse et par conséquent sympathique ; c'est sous une forme nouvelle, la protestation contre l'abandon de l'enfant pour raison de convenances sociales. Et c'est justement au nom de cette société que l'on croit respecter et qu'on outrage que s'élève le romancier avec l'éloquence d'un poète.

En une action rapide et claire, il a voulu, par des exemples qui sont autant d'études captivantes, suivre la vie de l'enfant abandonné par son père et livré aux hasards de la destinée ; il nous montre, au pied de l'échafaud, un criminel qui eût été un homme de bien, utile à cette société qui le repousse et qu'il combat, si des considérations d'égoïsme et d'orgueil ne l'avaient, avant même le jour de sa naissance, fatalement voué aux bas-fonds de notre monde soi-disant civilisé.

Un brave garçon, élève de l'École de droit, ses études faites, retourne en province dans sa famille, laissant à Paris sa maîtresse à la veille de devenir mère. Il l'oublie, se marie, fait un beau et rapide chemin dans la magistrature et devient veuf. Sa vie, qu'il devait croire avoir définitivement installée et fixée, est brisée ; pour oublier, il se jette dans les aventures ; ardent patriote, il se fait soldat en 1870 ; mais la guerre finie, les souvenirs du passé reviennent dans son cœur, il pense à celle qu'il a abandonnée. Les devoirs que lui imposent ses fonctions de magistrat finissent par s'emparer complètement de son esprit qui entre alors dans une paix relative. Un jour, dans l'exercice de sa profession d'avocat-général, il va être obligé d'appeler les sévérités du tribunal sur un assassin. Avant d'entrer dans le prétoire (j'abrège de beaucoup), il apprend que cet assassin c'est le fils qu'il a abandonné. La pauvre femme qu'il a délaissée s'était mariée à un ouvrier, sorte de brute de faubourg qui battait l'enfant ; la malheureuse était morte à la peine, et son fils, sans affection pour le retenir, était tombé du vagabondage au vol, du vol à la prison où il avait été mêlé à des criminels qui le poussent à l'assassinat.

On se rappelle le merveilleux chapitre que Victor Hugo a intitulé « Une tempête sous un crâne » ; c'est dans le cœur du père qu'elle se déchaîne cette fois. Néanmoins, il veut siéger et, comme Brutus, esclave du devoir et de la justice, assister au jugement du misérable qu'il sait être son fils. C'est ici la scène maîtresse du livre. Accusateur public, le père vient requérir, réclamer le châtiment du crime, mais qui accuse-t-il ? lui-même. En quelques pages de haute éloquence, il établit que le véritable coupable c'est lui-même, et que si une tête doit tomber c'est la sienne.

On devine le parti que M. F. Coppée a tiré de cette situation avec son talent de metteur en scène et de poète. Elle est d'une émotion pénétrante, et serait d'un effet irrésistible au théâtre. Bien qu'il soit difficile de donner un extrait de cet ouvrage où l'action est si pressante, je détache ce morceau qui renferme une critique très judicieuse ; en effet, qui ne s'est posé ces questions quand il est entré pour la première fois dans cette terrible salle du Palais de Justice qui s'appelle la Cour d'assises et que domine le *Christ* de Bonnat :

« A la lueur des globes de gaz, le Christ de la Cour d'assises souffre et saigne sur la muraille, tout au fond de la salle, parmi les boiseries sévères. Ce n'est pas pour bénir et pour pardonner qu'il ouvre les bras, ce corps blafard aux ombres noires, dont tous les muscles sont tendus par la douleur. De ses mains et de ses pieds troués, de la blessure béante de son flanc, ne coule aucun mystique effluve de consolation. L'accusé, innocent, lui aussi, — qui sait ? — ne peut songer, devant cette impitoyable et tragique image, qu'à ce qu'il sera demain peut-être, un supplicié. Elle était absente du cœur de l'artiste qui peignit cette toile sombre, elle est absente de presque tous les cœurs, l'espérance d'une absolution divine, d'une innocence reconquise, d'un bonheur éternel promis au plus coupable des coupables. Alors, pourquoi le Christ dans les prétoires ? S'il n'existe de justice qu'en ce monde, le souvenir de la plus fameuse des iniquités n'est-il pas ici d'une ironie atroce ? Et, si c'est seulement pour rappeler sans cesse aux juges qu'ils sont sujets à l'erreur, et qu'ils exercent le plus redoutable des pouvoirs, qu'on a installé près d'eux l'effigie du Juste cloué sur le gibet, pourquoi lui tournent-ils le dos ? »

Dans ce court résumé, j'ai omis bien des choses essentielles du roman, supprimé des personnages importants, mais j'ai voulu laisser aux lecteurs le plaisir de compléter mon analyse par la lecture d'une œuvre émouvante.

X

MAURICE MAETERLINCK

AGLAVAINE ET SÉLYSETTE

C'est, par ce temps de production littéraire hâtive, improvisée, avec une sorte d'étonnement que l'on constate le courage et la dignité de ceux qui savent s'écarter de l'entraînement du courant, méditer une œuvre et ne la donner au public que lorsqu'ils se sentent dans l'impossibilité de la parfaire davantage. A la lecture de ces livres faits de conscience et de foi, on se sent comme rafraîchi, comme enveloppé d'un grand repos, et l'esprit, gagné par ce calme, accueille avec plus de clairvoyance les idées qui viennent à lui ; plus facilement il entre dans la création, le rêve d'un penseur, et vit avec lui dans le monde où il le conduit.

Ces sensations on les ressent impérieusement dès qu'on a lu seulement une page du livre de M. Maurice Maeterlinck : *Aglavaine et Sélysette*. Non pas que ce drame, conçu dans une forme voulue, soit parfait au point de vue de ceux qui ne veulent voir dans toute œuvre dialoguée qu'une œuvre faite exclusivement pour être jouée sur un théâtre ; ceux-là trouveront des redites, des longueurs, de la monotonie, parce qu'ils se figureront qu'on ne peut goûter une conception d'art que dans un fauteuil d'orchestre, après un bon dîner, alors que l'esprit paresseux perçoit moins que les yeux, et que la digestion est plus responsable que l'homme de ses applaudissements, de ses sévérités ou de ses dédains.

Le drame *Aglavaine et Sélysette* doit être lu et non pas joué ; toute la machinerie d'un théâtre, ses conventions, ses nécessités, sa brutale réalisation des rêves les plus légers, en écraseraient, en tueraient inévitablement tout le charme, la poésie ; car c'est un poème exquis que l'histoire de ces trois personnages, idéalisation de toutes les beautés du corps et de l'âme, qui s'aiment de toutes les hautes aspirations, de toutes les délicatesses que le ciel a mises en eux. Un homme également aimé par une jeune femme et une jeune fille, aimant également les douceurs, les vertus de leurs âmes, comme la beauté de leurs corps, la jeune fille plus clairvoyante, étant plus récemment sortie des mains de Dieu, et y retournant en se donnant la mort, voilà tout le drame, et toute l'intrigue qui le noue et le dénoue.

Dans ce cadre, M. Maurice Maeterlinck a fait tenir

des scènes d'une tendresse shakespearienne et des détails poétiques qui font songer parfois au Musset de *On ne badine pas avec l'amour*. Je ne parle, bien entendu, pas d'imitation, mais de parenté de sentiments, comme d'un peu du parfum qui s'échappe d'une fleur qu'on ne voit pas. Parlant de la beauté physique et morale d'une femme, il nous montre une beauté qui laisse passer l'âme sans jamais l'interrompre, qui éteint autour d'elle tout ce qui n'est pas vrai. » Et plus loin : « Qu'elle est belle quand elle est pâle ainsi !... on dirait qu'elle se mêle aux clartés de la lune. » C'est le dialogue poétique dans ce qu'il a de plus pénétrant : « Les choses les plus profondes et les plus pures peut-être ne sortent pas de l'âme tant qu'un baiser ne les appelle pas ! » Et encore : « Tu sauras un jour que les femmes ne se lassent jamais d'être mères, et qu'elles berceraient la Mort même, si elle venait dormir sur leurs genoux. » Mais rien ne vaut qu'à sa place, et je n'ai pas la prétention de faire juger une œuvre sur quelques mots détachés de la phrase, et de la situation qui les enchâssent. C'est dans le livre seulement qu'on pourra les apprécier : il est des fruits qu'on ne doit goûter que sur l'arbre.

Certes, ceux qui sont plus soucieux de juger que de jouir pourront reprocher à l'action de ce drame de piétiner souvent sans avancer ; ils trouveront qu'on s'y attendrit, qu'on s'y embrasse souvent, que certaine scène de la jeune fille avec sa grand'mère les fait penser à celle du « Petit Chaperon rouge » avec la mère-grand ; tout peut être critiqué et je ne dis pas qu'*Aglavaine et Sélysette* doive échapper au sort commun des œuvres de l'esprit ; mais ce livre n'en restera pas moins un des meilleurs de M. Maeterlinck, dont il résume le talent fait d'aspirations vers la grandeur et la simplicité. Peut-être encore lui reprochera-t-on d'y tendre trop visiblement ses efforts. Qu'importe s'il a cherché, puisqu'il a trouvé ?

XI

LÉON DAUDET

SUZANNE

« — C'est à dégoûter de l'inceste ! » Je ne crois pas qu'on puisse mieux indiquer, sous une forme fantaisiste, le but moral visé par M. Léon Daudet dans son dernier roman : *Suzanne*. Le Boireau de lettres qui résumait ainsi son opinion sur l'œuvre nouvelle de l'écrivain des « Morticoles » avait touché juste, car, bien qu'un crime d'exception, l'inceste n'est malheureusement pas seulement un prétexte à tragédies antiques ou à poèmes wagnériens. M. L. Daudet a tenu à établir qu'il ne pouvait être qu'une dégénérescence de l'espèce, et qu'il ne prenait ses origines que dans des cerveaux malades ou déséquilibrés, relevant des cliniques ouvertes aux névropathes.

Un homme de haute valeur intellectuelle a abandonné, pour se marier, une femme devenue mère. Le fait n'est pas rare, malheureusement, et c'est ce qu'on appelle en finir avec la vie de jeune homme. Il a fort régulièrement, pendant vingt ans, payé une pension à son ancienne maîtresse, sans se soucier autrement de l'enfant né d'une union passagère. Un jour, une jeune fille en grand deuil se présente devant lui. « Mon père, lui dit-elle, je viens vous annoncer la mort de ma mère. Je ne veux rien vous demander, vous ne me devez rien et je me retire. » Celui qui recevait cette étrange visiteuse sentit, comme il l'a dit, tressaillir en lui son cœur de père ; il la retint, la fit entrer dans sa famille, et lui donna tout ce qu'il avait de tendresse. Dans ce fait, que je sais absolument vrai, M. L. Daudet a pris le point de départ de son roman.

Partant de ce principe que si le sentiment des sexes s'abolit par la présence constante du père, des frères, auprès de leurs filles et de leurs sœurs, il ne saurait exister pour ceux que les hasards de la vie rendent inconnus les uns aux autres, il a fait naître dans le cœur de cet homme et dans celui de cette fille un amour dont les luttes, les angoisses et même la satisfaction, deviennent le plus horrible supplice qu'on puisse imaginer. Ajoutons, sans entrer dans le détail de ce roman où la psychologie est poussée aussi loin qu'on le peut imaginer, que si le père, homme de science profonde, a usé son cerveau à vouloir se contraindre à pénétrer trop avant les secrets de la nature, sa fille porte dans le sien toutes les perversités ; et que, pour le décider à se jeter dans ses bras, elle lui apprend, par un odieux mensonge, qu'elle n'est pas née de lui.

Avec la passion d'un poète et la patience d'un analyste, M. Léon Daudet nous fait passer par toutes les phases de ces odieuses amours, amours de fous décrites avec un rare talent quoique, disons-le aussi, poussées parfois jusqu'à l'outrance.

Mais l'inceste est bientôt découvert ; la femme du savant meurt de douleur et c'est entre le deuil de sa maîtresse et celui de sa femme que l'égaré commence à retrouver son chemin sous la lueur d'un rayon de la raison qui lui revient. Aux épouvantes du crime commis contre la nature succède le besoin, la volonté du châtiment. J'ai parlé plus haut du poète qu'était M. Léon Daudet, c'est dans cette seconde partie du roman qu'il se révèle surtout. Je n'en veux pour preuve que cette page descriptive où l'on voit Suzanne, la coupable, errant dans la forêt pour s'y envelopper du repos de la nature :

« Elle s'enfonçait à grands pas dans le jour voilé de l'automne. Elle respirait avidement, dangereusement, l'air brumeux. Elle voulait ne penser à rien. Mais son esprit rapide, en dépit d'elle, tissait sa toile : « Trois mois... sans *le* voir... et je vis... et il vit... et je dois apprendre à l'oublier... je dois apprendre. »

. . . .

» Les ombrages grandirent. Ils paraissaient croître à mesure. Il en était de verts encore ; il en était de jaunes, il en était de rouges et ceux-ci, dominant peu à peu, éclatant sous la terne lumière, l'exaltaient. De ces énormes hêtres d'un seul jet elle admirait l'élan et le défi. Toute la nature, flairant l'hiver, gardait une immobilité sibylline. Ils se taisaient, les oracles d'écorce, géants figés dont les pieds tortueux couraient entre les fougères pourprées. Ces vastes mains tendues vers le ciel, qui gesticulent dans la tempête, avaient l'air de prier le silence.

» Quel calme ! Muette poussée de héros rugueux. Fragiles graines ailées que le vent emporte... puis... le hasard.... et le père enlaçant la fille... la mère, le fils..., l'inceste de la tige. Côte à côte, issus d'eux-mêmes, prolongeant la race en rameaux, ils bravent l'ouragan par le faîte et, cramponnés au sol, attendent longuement, courageusement la mort. Que n'ai-je leur hardiesse, leur dureté !

» Un souffle vaste, puissant et vif, fit frémir les dômes orgueilleux. Une multitude de voix s'élevaient, indistinctes. Confidences d'une foule végétale, elles procédaient par ondes rythmiques, elles s'élargissaient, s'étalaient, accaparant l'espace et l'inquiétude, et en Suzanne émue tout autant de paroles gémirent.

» Tout à coup les nuages s'écartèrent. Un irrésistible rayon fit étinceler les feuillages moroses, mêlant la lumière à la tempête. La formidable architecture resplendit. Comme à travers une dentelle rousse, et déchirant ce délicat réseau, plongeait la rudesse du soleil. Le long des hêtres inflexibles, elle frappait alertement de ses lances d'or. L'armée des troncs polis brilla sous la menace. L'astre, entre les rangs serrés, dispersa son glorieux ravage ; des flammes obliques, où se mêlaient la clarté, le fauve et le rose, s'éparpillèrent jusqu'au lointain, jusqu'aux extrêmes clairières de la futaie victorieuse, et cet incendie géométrique était encore accru, au sommet du champ de bataille, par le sauvage reflet d'un gros nuage noir frangé de cuivre. »

Je m'arrête. Aussi bien ai-je ébauché l'idée générale de ce livre dont la donnée hardie va être certainement discutée ; mais ce qui ne sera certainement pas contesté, c'est la très grande somme de talent dépensée. Le dénouement de ce drame fiévreux se produit par l'apaisement des âmes — je devrais dire des sens — par la guérison d'une horrible maladie morale. Les coupables se repentent et, en présence de l'insuffisance des remèdes que croit donner la philosophie d'ici-bas, tournent leurs yeux vers le ciel et deviennent des chrétiens. Ils eussent peut-être mieux fait de commencer par là ; mais, en matière de conversion, nul ne choisit son moment.

XII

HENRI ROCHEFORT

LES AVENTURES DE MA VIE

1ᵉʳᵉ PARTIE

Les Aventures de ma vie ont été l'occasion pour beaucoup de mes confrères de raconter à nouveau les aventures extraordinaires qui composent la vie de cet homme de tant d'esprit et de se livrer à des études politiques et littéraires qui, en raison de la bruyante notoriété de notre confrère, n'ont rien donné d'imprévu. En effet, que découvrir de nouveau dans l'existence ou dans l'œuvre d'un homme qui se raconte tous les jours, en même temps qu'il raconte les autres, et qui dit quotidiennement toutes ses pensées à ses lecteurs avec un relief et un esprit incomparables ? Je n'ai donc pas plus d'avant-propos à faire à ce livre que de présentation à faire de son auteur. Rochefort est Rochefort, et on le retrouve dans les près de quatre cents pages qui composent ce premier volume.

Ce que je puis dire, par exemple, c'est qu'il est peu d'hommes qui aient commencé à voir et à retenir aussitôt que l'a fait Rochefort. La fin du premier tiers de ce siècle m'ayant fait son contemporain, à quelques jours près, il m'a été facile de vérifier par mes souvenirs la fidélité des siens, et c'est chose extraordinaire que la fantaisie de son style, son incroyable esprit des mots n'aient jamais en rien altéré la vérité des faits. En le relisant, par exemple, je retrouve toutes nos impressions de collège pendant les journées de la Révolution de 1848. Sans prendre une part aussi active aux événements que Rochefort l'a fait, j'avais trouvé, de mon côté, moyen de servir la patrie en « filant » de Charlemagne avec Clément Laurier. Ici mes souvenirs se pressent et, si je les écoutais, ce sont les aventures de ma jeunesse, et non pas celles de la vie de Rochefort, que je raconterais.

C'est depuis sa naissance jusqu'au jour de la saisie de la *Lanterne* et de son départ pour Bruxelles que Rochefort raconte ses aventures dans ce premier volume. J'en voudrais citer beaucoup, mais j'ai l'embarras du choix, ce qui est un état d'âme fort cruel. Je me décide, en laissant de côté toutes ces curieuses anecdoctes de l'Hôtel de Ville, du *Charivari*, du *Figaro*, pour une aventure charmante, excellemment racontée, et qui vaut un chapitre des *Confessions*. Je suis malheureusement tenu à l'abréger beaucoup, faute de place.

Rochefort avait le besoin et le désir de gagner sa vie. Par l'intermédiaire d'une dame amie de sa famille, il fut accepté, à dix-huit ans et aux appointements de trente francs par mois, comme répétiteur externe chez la comtesse de Montbrun. Tout d'abord il donna des leçons de latin à ses fils. La comtesse, enchantée de lui, eut l'idée fantastique de lui proposer pour vingt francs de plus d'aller donner aussi des leçons de latin à sa fille, qui était internée au couvent des Dames anglaises :

» La salle d'étude où l'on m'introduisit était coupée en deux, dans toute sa hauteur, par une grille isolant les élèves de toute accointance avec les visiteurs venant du dehors. Les effusions entre les parents et leurs enfants devaient se ressentir de cette séparation réfrigérante, qui permettait tout au plus le quart d'un baiser sur le quart d'un front.

. . . .

» Après quelques minutes d'arpentage solitaire devant la grille, mademoiselle de Montbrun parut accompagnée d'un phénomène en cornette qui, en cas de jeûne trop prolongé, aurait pu, comme les hippopotames, vivre sur sa graisse. L'enfant, très gentille, me dévisageait en dessous, se demandant certainement comment pouvait être fabriqué un monstre qui venait là tout exprès pour lui enseigner le latin.

» Elle s'assit d'un côté du grillage, tandis que je m'asseyais de l'autre et, pendant que la Sœur tirait son crochet d'une des poches de son tablier, nous abordâmes la douloureuse leçon.

» J'aurais voulu lui faire savoir à quel point j'étais peiné du travail absurde et inutile auquel j'allais l'astreindre, mais la Sœur surveillante crochetait à côté d'elle et cette déclaration d'un précepteur touchant la langue morte qu'il était chargé d'enseigner aurait bouleversé toutes les idées de cette nonne sur le professorat.

» Je fis lire à la petite demoiselle, dont la mine désolée m'amusait, trois ou quatre pages de la grammaire latine que j'avais apportée avec moi, puis je lui imposai comme devoir les deux premières déclinaisons à apprendre par cœur.

» Elle était très éveillée, très gentille, avec une jolie bouche souriante et des bandeaux blonds renoués à une natte qui lui pendaient dans le dos. Elle comprit tout de suite que j'étais incapable de la faire pleurer et, comme je devais voir sa mère le soir en allant donner la leçon à ses frères, elle me pria de bien leur souhaiter le bonjour à tous et de leur dire qu'elle avait fait de son mieux.

» Le surlendemain, quand je reparus devant la grille, elle me tendit la grammaire, afin de me permettre de suivre la récitation de ce qu'elle était supposée avoir appris par cœur. Je devinai bien vite qu'elle n'avait pas ouvert le livre. Alors, pour lui épargner une punition que je me serais amèrement reproché de lui avoir attirée, je tournai la page de son côté de telle sorte qu'elle pouvait lire d'un bout à l'autre tout ce qu'elle était censée me réciter.

» La bonne Sœur faisait marcher ses aiguilles avec une conscience telle que le manège lui échappa complètement. Elle entendait seulement l'élève dérouler sa déclinaison avec une rapidité vertigineuse et ne parut pas autrement surprise d'une si prodigieuse mémoire.

» Le regard pénétré dont me gratifia l'enfant quand je me levai pour sortir me prouva qu'elle n'avait pas été dupe de tant de distraction. Je lui indiquai un autre exercice à se loger dans la tête et je lui facilitai avec la même complaisance coupable des moyens de satisfaire tout le monde et son précepteur.

» Mais je n'ai jamais pu me résigner à ce qui me révolte : Un jour la Sœur, à l'issue de cette prétendue leçon, où j'enseignais surtout à ma jeune élève l'art de se dispenser de travailler, me pria de vouloir bien faire savoir de la part de la Supérieure du couvent à « madame la comtesse » que mademoiselle sa fille ayant, pendant la semaine, manqué à tous ses devoirs — elle aurait pu ajouter à ses devoirs de latin — madame la comtesse serait bien bonne de remettre à une époque indéterminée sa visite hebdomadaire au couvent, ce qui impliquait pour la pensionnaire la privation de sa « semaine, » c'est-à-dire de tout argent de poche.

» Cette fois encore, la petite me jeta un coup d'œil chargé de supplications qui m'émurent. Le soir, dans le salon de la rue de Varenne, quand je fus interrogé comme d'habitude sur l'état de santé et la conduite de la charmante enfant, la vue du général de Montbrun en grand uniforme, et dont les yeux semblaient fouiller mon âme, ne m'arrêta pas un instant sur la pente de cette imposture :

» — Mademoiselle... (j'ai oublié son prénom) se porte parfaitement. On est très content d'elle et elle vous attend dimanche.

» J'espérais que d'ici là tout se serait arrangé entre elle et les Sœurs ; mais il faut croire que le manquement aux devoirs n'avait fait que s'accentuer, car lorsque madame de Montbrun se présenta de l'autre côté des grilles, la Sœur crocheteuse lui demanda, toute surprise, si je ne lui avais pas transmis le détestable bulletin verbal dont elle m'avait chargé.

» La mère répondit qu'au contraire je ne lui avais, au sujet de sa fille, porté que les éloges de la maison, sur sa docilité et son assiduité au travail, et que j'avais, notamment, recommandé qu'on ne manquât pas de lui faire tenir sa semaine.

» A la leçon du soir, l'explosion se produisit. La comtesse s'étonna que j'eusse travesti aussi complètement les recommandations de la Sœur. Je tâchai de lui faire accroire que je ne les avais pas comprises ; mais, comme la dame insistait avec quelque âpreté, ma nervosité prit le dessus et je lâchai ce paquet :

» — Ce n'est pas mon métier de faire punir une enfant à qui je ne veux que du bien. La pauvre petite est déjà assez malheureuse d'être obligée de se fourrer du latin dans la tête. Il est vrai que ce qu'elle en a appris avec moi ne la gênera pas plus tard !

» Je pris mon chapeau et je partis, sans réclamer mon dû, que la comtesse me fit offrir par madame B..., notre amie commune, et que je refusai, estimant que, même au prix où est coté le latin, je n'en avais pas donné pour vingt francs par mois à la petite de Montbrun.

» Je ne la revis jamais, elle, ni ses frères, ni leur mère. Si ma toute petite élève d'alors, qui pourrait être grand'mère aujourd'hui, s'est mariée et a eu des filles, je doute qu'elle ait jamais songé à les initier aux mystères de la latinité. Peut-être même apprendra-t-elle seulement en me lisant que celui qui écrit ces lignes est le même qui lui laissait déloyalement lire les siennes à travers les barreaux du couvent de la rue des Fossés Saint-Victor. »

Je trouve ce petit récit absolument adorable, et c'est pourquoi je l'ai transcrit à l'intention de ceux de mes lecteurs qui ne connaissant que la gaîté et la malice de l'esprit de Rochefort, en ignoreraient les côtés délicats. Certainement tout dans ce volume ne plaira pas à tous, et notamment certains chapitres relatifs à la reine Marie-Antoinette et à l'impératrice Eugénie ; mais je dois dire qu'un des grands mérites des *Aventures de ma vie* est de n'être pas du Rochefort expurgé, mais du Rochefort tel qu'il est, avec la franchise de ses opinions et les fusées de son esprit.

Un mot personnel pour finir. Rochefort raconte dans ce livre que nous nous sommes connus à l'Hôtel de Ville. Il est vrai que nous y étions employés en même temps et que notre amitié date de cette époque ; mais un hasard malin faisant que ni lui ni moi n'étions jamais à notre bureau, nous ne nous sommes jamais rencontrés qu'au dehors, sur les boulevards, dans les théâtres, partout enfin ailleurs qu'à la Préfecture de la Seine. C'était là un point d'histoire utile à rectifier dans ce premier volume qui ne renferme, je crois, pas d'autre erreur.

XIII

STEVENSON

LE PRINCE OTHON

Combien de gens, en France, ignorent le nom de l'exquis romancier anglais qui s'appelait Stevenson, combien aussi ne le connaissent que de nom et ne savent pas, pour en avoir joui, le charme de cet esprit délicat, de cet ironique de grande marque, petit cousin de Voltaire et de Sterne. Je ne veux pas dire que Stevenson soit complètement inconnu dans notre pays, mais on n'y a guère lu que ses livres les plus populaires, et c'est peut-être justement par ceux qui ont eu de moindres retentissements qu'on peut mieux goûter le côté si original et si personnel de son talent. Sans médire du succès, il faut reconnaître qu'il ne vient qu'aux œuvres qui s'adressent à la majorité du public, et nous ne savons que trop ce que donnent les majorités depuis que nous avons fait connaissance avec le suffrage universel.

Mais revenons à Stevenson. Chose singulière, c'est un Anglais, M. Egerton Castle, qui nous apporte la traduction française de l'un des derniers ouvrages du romancier anglais, celui où il a peut-être dépensé le plus de son esprit. M. Egerton Castle a non seulement le mérite d'être un traducteur fidèle, c'est aussi un écrivain très apprécié en Angleterre. Il possède à fond non seulement sa langue mais aussi la nôtre, et peut en rendre jusqu'aux moindres nuances.

De même que, sans avoir vu le personnage qui a posé pour un portrait, on peut, d'après la façon dont il est peint, « sentir » ce portrait ressemblant, on peut aussi sentir que la traduction de M. Egerton Castle est fidèle, tant il y passe de mouvement et de vie. Toujours élégante, ingénieuse (on y remarque tout au plus deux ou trois anglicismes : dissatisfait ; éliciter, pour : faire jaillir) qui n'ont certainement été employés que parce qu'ils semblaient rendre plus exactement certaines expressions du texte.

Le prince Othon — c'est le titre du roman — est l'histoire fantaisiste d'un prince débonnaire dont le duché est situé dans le pays inventé par Offenbach, en Gérolstein ; le répertoire de l'auteur d'*Orphée aux Enfers* plaisait, paraît-il, à Stevenson, car on retrouve dans son roman beaucoup de noms de ses personnages, jusqu'à un premier ministre qu'il a baptisé Gondremarck.

Donc, le petit souverain qui s'ennuie à sa Cour,

parce qu'il a horreur de l'autorité et qu'il possède, sans s'en douter, un sérieux fond de révolutionnaire, prend un jour le parti de voyager incognito pour se distraire. Les distractions ne tardent pas à se produire. A peine a-t-il fait quatre pas hors de ses très étroites frontières, qu'il tombe chez des paysans qui, sans se douter de la qualité de l'hôte qu'ils reçoivent, lui apprennent qu'il est ultra trompé par sa femme et méprisé à ce point qu'on le croit tolérant volontiers son déshonneur. Ce n'est pas tout. Il constate que les libéraux s'agitent pour le déposséder, et entend le fils d'un paysan lui demander naïvement s'il est socialiste comme tout le monde. Blessé au fond du cœur, il reprend le chemin de sa Cour, décidé à montrer qu'il est prince et homme. En monarque prudent, il achète pourtant, avant de partir, un champ, une ferme, car qui peut savoir ce que l'avenir réserve aux gouvernants d'aujourd'hui !

Revenu au palais, il essaye, avec une rare habileté, de remettre toutes choses à sa place, destitue le favori, fait des concessions à son peuple, ce qui est le fait d'un homme qui ne craint pas précisément d'être chassé ou même guillotiné un jour. Il parle à la duchesse, en honnête homme blessé, et, quand il croit avoir tout remis en ordre, va faire un tour à sa ferme. A peine y est-il arrivé, qu'il apprend que la République est proclamée dans ses États : la duchesse fugitive se rencontre avec lui. On s'explique, on s'aperçoit que la diffamation, arme habituelle en politique, a séparé des époux qui ne demandaient qu'à s'entendre, et on s'aperçoit qu'il est des terres d'exil où l'on peut vivre beaucoup plus heureux que dans son pays, surtout quand on a le malheur d'en être le souverain.

Tel est, bien écourté, le résumé de ce charmant conte philosophique qui, comme le dit très justement M. Egerton Castle dans la préface de cette première traduction française, a pu être comparé à *Candide*, mais est, de par l'humour et la sensibilité, plus proche du *Voyage sentimental* de Sterne ; ce qui n'est certes point un éloge dont puisse s'offenser la mémoire de l'auteur du *Prince Othon*.

XIV

H. LAPAUZE

DE PARIS AU VOLGA

Ce n'est pas seulement un livre d'actualité que le : *De Paris au Volga*, de M. Henry Lapauze ; c'est mieux, c'est un livre de renseignements précieux et d'intérêt durable sur la Russie et les Russes. Tout le monde y lira avec curiosité les pages consacrées à la description des cérémonies du couronnement de l'empereur Nicolas II, de nouveaux détails sur les foires de Nijni-Novgorod, et ceux qui aiment la littérature française s'arrêteront particulièrement au chapitre intitulé : « Une visite à Léon Tolstoï. » M. Henry Lapauze nous donne d'abord le portrait physique du grand écrivain, « Monsieur le Comte, » comme on dit à Yasnaïa-Poliana, village où sont situés sa maison et son parc ; c'est, dit-il, Moïse, le Moïse de Michel-Ange à la barbe de fleuve. Ses yeux sont petits ; toute la vie semble s'être concentrée en eux.

Je passe sur bien des points d'une conversation de haut intérêt et j'arrive au passage relatif aux opinions du grand philosophe sur nos écrivains modernes :

« Après le repas, Tolstoï avise sur un guéridon un périodique français.

» — Je ne serais pas fâché, nous dit-il, de savoir de vous ce que signifie ceci.

» Et il lit à haute voix :

» — Il y a ceux dont la clameur jeta l'idée sur le
» déploiement des villes grises et bleuâtres, par-des-
» sus les dômes des académies, les colonnes de vic-
» toire, les jardins d'amour, les halles en fer du
» commerce, les astres électriques éclairant les essors
» des express ou les remous nerveux des foules,
» jusque les océans de sillons fructueux, jusque les
» gestes du semeur et l'effort solitaire du labour,
» jusqu'aux lentes pensées du rustre fumant contre
» l'âtre, jusqu'à l'espoir du marin penché au bastin-
» gage pour suivre la palpitation lumineuse de la
» mer.

» — Je vous en prie, expliquez-moi cette phrase.

Je n'ai pas le contexte sous les yeux : j'y dois renoncer. Personne ne la comprend et nous avons beau essayer l'analyse logique, nous ne parvenons pas à éclairer notre lanterne.

5.

» — Alors, reprend Tolstoï, c'est de cette façon qu'écrivent vos jeunes hommes de lettres? Ils ne trouvent donc pas que votre langue, si belle, si noble et si pure, soit suffisante? Il faut absolument qu'ils la torturent et qu'ils nous torturent nous-mêmes? C'est d'autant plus dommage que celui qui a écrit ceci a certainement du talent : j'avais renoncé à le lire jusqu'au bout, rebuté par la première phrase, et, quand je l'ai repris, j'en ai été fort aise. Seulement, il y a toujours cette phrase que je ne comprends pas : « Il » y a ceux dont la clameur... »

» Tolstoï est visiblement poursuivi par la fameuse phrase. Vingt fois, au cours de la soirée, elle remonte à ses lèvres :

» — Non, est-il possible qu'on puisse écrire un pareil charabia : « Il y a ceux... » quand il est si facile d'être clair avec la langue la plus pure qui soit au monde : « Il y a ceux... » Non, jamais, entendez-vous, jamais on ne me fera accepter cette phrase-là pour du français !

» Quelqu'un passe à Tolstoï une revue russe.

» — Tenez, me dit-il, rendez-moi le service de lire tout haut le sonnet que voici. J'aimerais bien savoir ce que l'auteur a voulu dire.

» Je lis les vers suivants, en français dans le texte :

> M'introduire dans ton histoire
> C'est en héros effarouché
> S'il a du talon nu touché
> Quelque gazon de territoire.

A des glaciers attentatoires
Je ne sais le naïf péché
Que tu n'auras pas empêché
De rire très haut sa victoire

Dis si je ne suis pas joyeux
Tonnerre et rubis aux moyeux
De voir en l'air que ce feu troue

Avec des royaumes épars
Comme mourir pourpre la roue
Du seul vespéral de mes chars

» — C'est, dis-je, une des poésies les plus célèbres de M. Stéphane Mallarmé.

» — Soit, réplique Tolstoï, et pour ma part je n'y vois pas d'inconvénient. Mais en saisissez-vous au moins le sens? Non pas. Et pas de titre. Pas un point, pas une virgule. Pas même de point final. C'est horrible. Ah! la littérature française peut se flatter d'avoir pour l'instant un joli lot de *nébuleuses.* »

Tolstoï n'est pas dur seulement pour ceux qu'il appelle : nos décadents, les littérateurs scandinaves ne le trouvent guère plus tendre, et quand on lui dit qu'Ibsen est lu par quelques-uns, chez nous, avec autant d'intérêt que les auteurs russes : « Ce n'est guère flatteur pour nous ! » répond-il avec un air de mépris qui, dans le vide, toise Ibsen de pied en cap. Il admire Victor Hugo, Alexandre Dumas fils,

Maupassant, moins Flaubert, est sévère pour Zola, vante le talent d'Alphonse Daudet, tient en haute estime Paul Bourget qu'il déclare « plein d'esprit »; parlant de *Nell Horn* et du *Bilatéral*, il s'écrie : « Quel dommage que M. Rosny soit aussi *tarabiscoté!* A quoi cela lui sert-il? Vraiment ces jeunes gens, si pleins de talent, sont tous fous. Qu'ils écrivent donc votre langue comme elle doit l'être, simplement, nettement. » Il regrette en termes violents l'usage que Marcel Prévost fait de son talent, ne cache pas ses sympathies pour *Sous-Off*, de Lucien Descaves, et pour les œuvres d'Edouard Rod.

J'arrête ici le résumé de cette curieuse conversation si significative dans ses appréciations et ses conclusions. Tolstoï est un grand écrivain dans son pays, il comprend comme un Français érudit le génie de notre langue, il était donc intéressant de savoir ce qu'il pensait de ceux qui veulent en conserver les grandes traditions et de ceux qui ont entrepris la tâche difficile de la rénover.

XV

LUCIEN PEREY

UNE PRINCESSE ROMAINE AU XVIIᵉ SIÈCLE

Les lecteurs se rappellent un livre de haut intérêt historique, *le Roman du Grand Roi,* publié récemment par Lucien Perey ; il résumait l'histoire des amours du jeune Louis XIV et de Marie Mancini, la nièce de Mazarin. Le jeune roi, poussé à bout par le cardinal, avait fini par consentir à épouser Marie-Thérèse, et, en même temps, avait accepté le mariage de celle qu'il avait adorée avec le connétable Colonna. Son union fut célébrée dans la chapelle du Louvre. Marie, pendant toute la cérémonie, ne laissa paraître nulle trace d'émotion. Soutenue par sa fierté blessée et la hauteur qui lui était naturelle, immobile comme un marbre, mais la mort dans le cœur, elle prononça avec fermeté le oui qui la liait à un inconnu qu'elle haïssait d'avance ; puis ses yeux se portèrent avec une expression indicible sur le Roi, qui pâlit quand ce regard se croisa avec le sien.

Ce fut la dernière fois qu'ils se trouvèrent en présence l'un de l'autre. Elle essaya de se consoler en lisant Sénèque ; inutile de dire que le remède fut inefficace ; chaque jour ramenait pour elle une douleur plus vive. Ce mélancolique dénouement est insuffisant pour ceux qui ont suivi les péripéties de ce roman d'amour de deux cœurs qui semblaient inséparables. On sait ce qu'il advint des sentiments du jeune roi et comment il sut se consoler de Marie Mancini par son mariage, et de son mariage avec les La Vallière, Montespan et d'autres, mais on ignore généralement ce qu'est devenue la jeune fille au cœur meurtri qu'on maria d'autorité. C'est ce que nous apprend, par le détail, le livre excellent que M. Lucien Perey vient de publier sous ce titre : *Une Princesse romaine au XVII° siècle* ; cette princesse n'est autre que Marie Mancini Colonna qui laissa, outre des rectifications de Mémoires faux publiés sous son nom, une correspondance qui, jointe aux pièces diplomatiques inédites du temps, nous raconte, presque jour par jour, une existence plus fertile en événements que le roman le mieux imaginé. Rien de plus curieux que les détails de son mariage avec ce connétable qui s'efforce d'amener à lui un cœur qu'il sent battre encore pour un autre, une femme devenue « la connétable » et qui avait dû croire qu'elle serait reine de France. Peu à peu, le temps commence son œuvre.

Marie Mancini est touchée de ce dévouement, de cet amour discret. Malheureusement, sa femme une fois conquise avec tant de peine, le connétable, qui n'avait plus d'obstacle à vaincre, prit des maîtresses; l'humeur jalouse, irritable, de Marie Mancini n'en demandait pas tant pour s'indigner. Le connétable n'admet pas ces révoltes et, désireux peut-être d'en finir avec une épouse intraitable, il semble qu'il ait songé à recourir à un moyen bien simple, alors usité, dit-on, encore en Italie, au poison. Cette fois, Marie Mancini, qui ne redoute pas les aventures, s'embarque avec sa sœur Hortense Mancini, plus belle que fidèle à son époux, et les voilà voguant sur la Méditerranée, se dirigeant vers Marseille, au risque d'être capturées par les pirates. Marie Mancini voulait revoir la France et l'oublieux qui avait brisé sa vie.

Il m'est impossible de raconter cette longue et curieuse odyssée, de suivre la pauvre femme errante, livrée par l'indifférence raisonnée de Louis XIV à toutes les déceptions. Elle erra de couvent en couvent, en France, en Savoie, en Espagne, pendant bien des années, se refusant toujours, malgré les souverains, malgré le Pape lui-même, à retourner près du connétable. Enfin, épuisée, vieille, elle fut autorisée à revenir en France; elle vint se fixer à Paris, l'admira après quarante ans d'absence, mais soit par rancune, soit par coquetterie, elle ne voulut pas aller à Versailles, elle ne voulut pas revoir Louis XIV et, devenue veuve, retourna en Italie où la mort la surprit un jour qu'elle demandait au P. Ascanio, au prieuré du Saint-Sépulcre, le sens, obscur pour elle, de l'évangile du matin.

Ainsi passent la jeunesse, l'amour, la grâce, les ambitions, les projets de l'âme humaine ! Celle dont la vie fut si terriblement agitée, est ensevelie là où elle est tombée, et la nièce de Mazarin, qui eût pu reposer à Saint-Denis, n'a pour tombeau qu'une pierre sur laquelle sont gravés ces seuls mots : *Maria Mancini Columna* et au-dessous : *Pulvis et cinis*, poussière et cendre !

XVI

JULES CLARETIE

BRICHANTEAU, COMÉDIEN

Brichanteau, comédien, c'est l'histoire de la vie d'un brave homme, d'un « cabot » épris de son art, que M. Jules Claretie nous raconte en un volume intéressant comme tout ce qui est vrai, comme tout ce qui a été vécu ; car, malgré les exagérations de ses récits, tout ce que Brichanteau raconte lui est arrivé ou est arrivé à d'autres. Il suffit d'avoir respiré un peu l'air des théâtres, d'avoir connu les nervosités, les excitations, les désespoirs, les joies qui se manifestent de l'autre côté du rideau, d'avoir un peu étudié cette existence de fièvre, d'emballements, si différente de l'autre, pour constater que M. Jules Claretie n'a voulu être que le sténographe de tant de scènes, d'aventures curieuses.

Brichanteau n'est pas un comédien, c'est le comédien en général, car, quel qu'il soit, si pourvu ou si dénué de talent que le ciel l'ait fait naître, il n'existe pas un homme marchant sur les planches d'un théâtre qui n'ait en lui un Brichanteau plus ou moins développé. C'est ce qui fait l'intérêt du livre de M. Jules Claretie qui, d'abord comme auteur dramatique, et maintenant comme administrateur de la Comédie-Française, n'a cessé d'étudier les artistes dramatiques petits et grands.

Je n'entreprendrai pas de raconter les aventures de Brichanteau, il faut les lire dans le livre ; elles se tiennent d'un bloc, et la difficulté serait d'en détacher un fragment sans le défigurer. Je ne puis pourtant résister au plaisir de reproduire une historiette qui peut donner une idée de l'ingéniosité que peut fournir la nécessité à un comédien qui connaît son public. Brichanteau parle d'un de ses camarades, célèbre celui-là, et pour qui il professe la plus vive admiration :

« Ah! quel homme, monsieur, Saint-Firmin ! Un homme de ressources, habitué à tous les expédients que la nécessité dicte aux artistes dans leur lutte avec le sort et l'imprévu. C'est Saint-Firmin qui, à Lons-le-Saunier, jouant Ruy Gomez, dans *Hernani*, et le théâtre n'ayant pas de décor où se trouvât une galerie de portraits, pas la moindre galerie, dit au directeur : « Avez-vous au moins un album de photographies ? » Et, tenant à la main l'album où se succédaient les portraits-cartes de la nombreuse famille du directeur, il joua toute la scène en feuilletant ce bienheureux album :

> Ecoutez ! Des Silva,
> C'est l'aîné, c'est l'aïeul, l'ancêtre, le grand homme !
> Don Silvius, qui fut trois fois consul de Rome !

« Et il tournait un feuillet : »

> ... Voici Ruy Gomez de Silva,
> Grand maître de Saint-Jacques et de Calabrana.
> Son armure géante irait mal à nos tailles !

» Et il tournait un autre feuillet :

> J'en passe et des meilleurs. Cette tête sacrée,
> C'est mon père. Il fut grand, quoiqu'il vînt le dernier !

» Et il montrait à don Carlos une nouvelle photographie. »

C'est là un pur trait de génie ; reste à penser ce qu'en eût dit Victor Hugo, mais, comme répétait l'acteur Bache, très dédaigneux des faiseurs de pièces : « Il ne faut jamais consulter un auteur dramatique, ces gens-là n'entendent rien au théâtre ! Il n'y a pas une pièce qui n'ait été sauvée par les acteurs ! » Et comme Offenbach, qui venait d'entendre cette sortie, lui disait : « Eh bien, mon cher Bache, pourquoi ne faites-vous pas vous-mêmes vos pièces ? — Et le temps ? » se contenta de répondre Bache, avec l'aplomb dont peuvent seuls se faire une idée ceux qui l'ont connu.

XVII

JEAN RICHEPIN

THÉATRE CHIMÉRIQUE

Voici comment M. Jean Richepin intitule le volume qu'il vient de publier : *Théâtre chimérique, Vingt-sept actes de pantomime, A-propos, Sotie, Proverbe, Pastorale, Comédie, Intermède, Dialogue, Drame, Parade, Ballet, Mélodrame, Moralité, Féerie, Mystère, Don Juanerie, Saynète, Fausterie, Séance académique, Farce, Conférence-Mime.* Et M. Richepin tient la promesse de son titre, car il y a de tout cela, et même plus, dans le livre qu'il vient d'ajouter à la liste de ses œuvres. La philosophie, le bon sens, l'observation, tiennent la plus grande place dans ces saynètes écrites cependant par un poète ; quelque sujet qu'il y traite, à quelque beau rêve qu'il s'élève, à quelque détail qu'il descende, jamais le sentiment de la forme, jamais son élégance native ne l'abandonnent, et c'est plaisir de le suivre, effleurant de son esprit tant de sujets divers, à la façon de Puck, Ariel ou Titania ; tantôt prenant la voix de Gœthe, tantôt celle de Molière, qu'il s'agisse de nos Faust ou de nos Don Juan modernes.

Tantôt il aborde la question de la Propriété littéraire, et, en fécond producteur qu'il est, s'étonne de voir les poètes réclamer un salaire, alors que le printemps, les étoiles, les fleurs, l'amour, tout enfin de ce qui les inspire, n'en demandent pas. Les faiseurs d'interviews, les critiques — je parle de ceux qui représentent un parti pris, une pose ou une coterie — n'auront pas à se louer du rôle que leur donne M. Richepin dans son *Théâtre chimérique ;* aux premiers, très spirituellement d'ailleurs, il reproche de fatiguer le public de récits oiseux, de le déranger pour lui souffler à l'oreille des cancans ou des opinions qui ne l'intéressent en rien, les habitudes de travail, de repos ou de plaisir de Pierre, Jacques ou Paul, et de battre la caisse de la réclame pour les grands et les petits, pour les hauts personnages et les plus humbles cabotins.

Quant aux critiques, il leur dédie un petit acte : « le Bousier », où je coupe une page : Bousier, c'est le critique quand même, Bonvouloir, c'est le public :

BOUSIER. — Le Printemps est un raté. Quant au Soleil, il n'a plus rien dans le ventre.

BONVOULOIR. — Vous croyez ?

BOUSIER. — Je vous le certifie.

BONVOULOIR. — Cependant, j'ai déjà pris grand plaisir à telles de leurs œuvres...

BOUSIER. — Ils font toujours la même chose.

BONVOULOIR. — Enfin, je vais voir. Laissez-moi, je vous prie, écouter et regarder la pièce avec recueillement.

BOUSIER. — Pas sans que je guide votre goût; car je suis ici pour cela.

BONVOULOIR. — Soit, puisque vous y tenez; mais je m'en passerais fort bien.

BOUSIER. — Et de quoi vivrais-je, alors?

BONVOULOIR. — C'est juste. Il faut que tout le monde vive.

SCENE II

Les Mêmes, La Rose

LA ROSE. — Je suis la reine des fleurs; et, depuis que le monde est monde, je charme les yeux des hommes par ma robe de pourpre et je réjouis leur cœur par mon haleine parfumée.

BONVOULOIR. — Délicieuse rose, je t'aime.

BOUSIER. — Vous aimez cette vieille roustissure? Eh bien! vous n'êtes pas difficile, par exemple! Que diable lui trouvez-vous de si attrayant?

BONVOULOIR. — Mais justement ce dont elle se vante avec raison : sa couleur et son parfum.

BOUSIER. — Sa couleur est fade et son parfum écœurant.

BONVOULOIR. — Cependant, ainsi qu'elle le dit, depuis que le monde est monde...

BOUSIER. — Précisément, c'est vieux et usé, toujours la même chose !

BONVOULOIR. — Qu'importe, si c'est exquis !

BOUSIER. — Mais ce ne l'est point. Ah ! on voit bien que vous ne savez pas de quoi c'est fait, cette couleur et ce parfum.

BONVOULOIR. — De quoi est-ce donc fait ?

BOUSIER. — De fumier, d'excréments. Tenez : fouillons au pied du rosier ! Pouah ! comme ça pue ! Vous ne sentez pas !

BONVOULOIR. — J'aime mieux sentir la rose elle-même.

BOUSIER. — Et regardez un peu ces vers qui grouillent dans le terreau ! Et notez aussi, au corselet de la fleur, ces traces gluantes qu'y a laissées la limace ! Et, sous cette feuille, remarquez cette araignée velue !

BONVOULOIR. — J'aime mieux contempler la rose elle-même.

BOUSIER. — Vous n'êtes guère épris de vérité.

BONVOULOIR. — Mais cette rose est belle et elle fleure bon, et je vous assure que cela aussi est vrai.

Puis vient le tour du rossignol qui est aussi taxé « vieux jeu ». Le public, qui représente le bon sens, s'impatiente d'entendre tant de sottises, de voir dénigrer ce qui est beau et bon au bénéfice de ce qui est laid et mauvais et prie le critique acharné de lui laisser ses illusions : — Mon devoir avant tout, s'écrie celui-ci, qui croit représenter le bon goût. — Mais quel est votre devoir ? — D'embêter les gens ! — Et vous payez pour ça, sans doute ? — Pas du tout. On me paye ! — Eh bien ! vous ne volez pas votre argent, car vous m'embêtez ferme. Et maintenant, f....z-moi la paix ! — Vous manquez de respect à la critique. — Le Printemps et le Soleil : J'te crois !

On voit que Gavroche se met aussi parfois de la partie, mais il faut l'écouter aussi, puisqu'il est du côté du bon sens. Je signalerai encore une pièce très spirituelle, en vers celle-là, *l'Honnête gendarme*, où le mouton et le veau viennent soumettre leurs protestations à Pandore :

>Ma laine de pauvre mouton,
>On en fait du molleton
>Pour ta tunique et tes culottes
>
>LE VEAU
>
>Ma peau, c'est le cuir de tes bottes.
>
>LE MOUTON
>
>Mon poil feutré, c'est ton chapeau.
>
>LE VEAU
>
>Et ton baudrier, c'est ma peau,
>
>ENSEMBLE
>
>Et nous crierons à perdre haleine !

LE VEAU

Rends-moi ma peau !

LE MOUTON

Rends-moi ma laine !

LE VEAU

Voleur !

LE MOUTON

Voleur !

ENSEMBLE

Voleur ! voleur !

LE GENDARME, *fermant les yeux.*

Mais, c'est mon bien !

SA CONSCIENCE, *les lui ouvrant.*

Non, c'est le leur.

Puis, c'est : *Faire sans dire*, amusante critique de nos précieux ridicules de la littérature et de l'art, des raisonneurs qui ne savent pas que l'instinct prime tout, et que toutes les psychologies du monde s'épuiseront à tenter de jeter une lueur sur des questions qu'un rayon de bon sens éclairera comme ferait un rayon de soleil. « Le Bon Fou, » « l'Horreur du banal, » « le Fainéant, » sont des morceaux charmants et qui viennent à propos en ce moment de désarroi de goût et de logique. Il est vrai que ce désarroi ne se produit que partiellement et que le public est là pour mettre et remettre toutes choses en leur place.

XVIII

GUSTAVE GEFFROY

L'ENFERMÉ

C'est une grande étude sur Blanqui, en même temps qu'une biographie du célèbre conspirateur, que M. Gustave Geffroy vient de publier sous ce titre : *l'Enfermé*. Avec son rare talent d'écrivain, le don d'évocation qu'il possède, la poésie dont il enveloppe toutes choses, M. Geffroy a fait revivre cette figure d'un autre âge, ce personnage aussi antipathique, même aux foules révolutionnaires, que Barbès leur était sympathique. « Blanqui, c'est un tigre ! » disait Barbès, que l'on qualifiait : lion, et qui n'était pas fâché d'assigner une place inférieure à son rival en popularité. Rival est peut-être exagéré, car Blanqui, quoi qu'il ait valu, dit ou fait, a toujours passé dans l'ombre avec l'aspect sinistre et prudent du conspirateur qui pousse les émeutiers, mais qui ne se mêle pas à leur troupe ; tandis que Barbès payait de sa personne, chargeait au milieu des siens et recevait dans la bagarre une balle juste en plein front. Il est vrai qu'il venait de tuer, de sa main, un jeune officier, Drouineau, qui se défendait contre les agresseurs. Mais tuer un soldat français, en uniforme, fut réputé un beau fait d'armes, et le nom de Barbès a été donné, malgré cela, je n'ose pas dire à cause de cela, à un boulevard de Paris, Blanqui, n'ayant jamais tué lui-même, attend encore le sien.

En lisant l'histoire de sa vie, on se demande s'il aimait vraiment la liberté, celui qui tint si peu à en jouir pour lui-même. « Quand il a vécu à l'air libre pendant deux ou trois mois, disait de lui Veuillot, il monte un coup pour se faire réintégrer, et il y parvient, non pas toujours sans peine, grâce aux gouvernements qu'il rencontre ; mais enfin on le coffre. Il y a convié depuis trente ans tous les gouvernements, aucun n'a pu s'en défendre. Accordons que ce parti pris ne manque pas d'une certaine grandeur. Ou dictateur, ou prisonnier ! S'il avait été dictateur une petite fois, ce serait plus joli. Mais il a perpétuellement manqué la dictature, et il n'est, après trente ou quarante ans, que le prisonnier le plus amnistié du monde... Il appelle cela : souffrir pour le peuple. Libre à lui, mais libre à d'autres de trouver que le peuple français ne lui doit aucune reconnaissance pour son aptitude à se faire boucler. »

Ce que disait là Louis Veuillot, tout le monde le

pensait, et à part quelques sectaires tenaces, on ne voyait plus guère en Blanqui qu'un maniaque épris de persécution. N'a-t-il pas dit à Michelet, qui le félicitait un jour de se trouver par hasard en liberté (je trouve cette anecdote dans le livre de M. Geffroy), qu'il se sentait gêné, inquiet, de respirer le grand air ? On devine l'étonnement de Michelet entendant l'homme qu'il croyait ivre de sa liberté reconquise lui avouer qu'il lui manquait quelque chose, qu'il se sentait plus rassuré, plus maître de lui en prison.

J'avoue qu'avant d'avoir lu l'*Enfermé*, je ne considérais guère Blanqui que comme un grand organisateur de sociétés secrètes rampant dans l'ombre et régulièrement jeté en pleine lumière et en Cour d'assises par quelqu'un de ses affidés. Je ne connaissais de cet homme soupçonneux, soupçonné, que ses captivités, ses rébellions envers tous, l'éloignement que les siens avaient pris de sa ligne politique. On racontait de lui que, dans la crainte de voir révéler sa complicité dans l'affaire Fieschi, il avait envoyé une bonne promener son enfant sur le boulevard du Temple à l'heure où devait avoir lieu l'attentat, afin de préparer une protestation. Je ne puis croire à ce fait qui serait un crime, s'il était prouvé qu'il fût vrai ; il pouvait bien n'être qu'une invention, mais le bruit de cette invraisemblable action n'eût pas circulé s'il avait été, par exemple, inventé contre Barbès.

Revenons à Blanqui. Dans le livre de M. Geffroy, clairement, rapidement écrit, à la façon des Goncourt traitant l'Histoire, saisissant par la netteté du rendu des impressions, on voit d'abord Blanqui, conspirateur incorrigible, prisonnier, évadé, amnistié, prisonnier encore, conspirateur toujours, toujours aussi prisonnier. Malgré la pitié qu'inspire une vie de luttes aussi incessantes qu'inutiles, un peu d'impatience vous prend en songeant que tant d'efforts pour briser les fers de la tyrannie avaient pour but de détrôner Louis-Philippe dont le sceptre fut un innocent parapluie? Qu'eût-il fait, s'il se fût agi de Néron, ou simplement de Napoléon Ier? Rien, probablement; c'est sous les rois débonnaires que se manifestent surtout les grands révolutionnaires. On se figure mal Marat sous Louis XIV. Donc, jusque-là, malgré le détail de ses souffrances en prison, Blanqui ne me semblait pas devoir inspirer un vif intérêt. Mais voilà que tout à coup surgit un autre Blanqui, bien autrement grand que celui des révolutionnaires; un Blanqui qui se décide à détacher ses regards de la terre, et qui les tourne vers le ciel, vers les astres. Épris de l'immensité, avide d'en connaître les mystères, le voilà étudiant les espaces, entassant calculs sur calculs, cherchant les nébuleuses, traversant des profondeurs de sept milliards de lieues avec son intelligence, écrivant et nous laissant ce livre qui suffit et au delà pour donner idée d'un esprit supérieur et qui s'appelle *l'Éternité par les astres*. Il faut lire les belles et éloquentes pages que M. Geffroy a écrites sur la partie de la vie que Blanqui consacra à ces études, pour le juger définitivement. Qui ne connaît que le Blanqui jouant son rôle politique, ne le connaît pas.

Le Blanqui promenant ses regards, ses suppositions, à travers les espaces infinis, me paraît bien supérieur à celui qui usait sa vie dans de sombres conspirations ; une seule chose m'étonne, c'est qu'après qu'il eut si longtemps regardé en haut quand il était prisonnier, il ait consenti, libre, à rentrer dans les bas fonds où s'agitent les sociétés secrètes et les intrigues de la politique. Il semble qu'ébloui par les immensités lumineuses, ses yeux eussent dû se refuser à le guider vers les ténébreux abîmes où se fomentent les guerres civiles. Il n'en fut rien, malheureusement pour lui et pour nous.

XIX

EMILE OLLIVIER

MARIE-MAGDELEINE

Marie-Magdeleine, le dernier livre de M. Emile Ollivier, offre non seulement l'intérêt d'un roman plein de passion, mais aussi celui d'une sorte d'autobiographie. « Récit de jeunesse, » a écrit l'auteur au-dessous de son œuvre ; et, effectivement, le récit de M. Emile Ollivier commence à son enfance pour finir au jour de son mariage.

Si intéressante que soit la fabulation sous laquelle il a enveloppé les épisodes, les événements réels de sa vie, on ne peut s'empêcher de chercher à les en faire sortir, à les dégager de tout ce qui est imaginatif pour ne voir que l'homme réel à travers le héros, aux dépens même de ce héros. Pourquoi cette invincible curiosité ? c'est que l'homme est la créature de Dieu, et que le héros n'est que celle de l'homme ;

c'est que, quelque intérêt qu'il présente, on ne cherche plus aujourd'hui dans un livre que la somme de vérités contenues et non celle des suppositions et des fantaisies forgées par le cerveau humain. Ajoutons que ce n'est pas un homme seulement qu'on cherche à reconnaître dans *Marie-Magdeleine*, mais un personnage dont le nom a été et est resté célèbre.

En vain les intérêts de la politique réussissent-ils pendant un certain temps à défigurer un homme, à le présenter, selon ses caprices ou ses nécessités, comme un fourbe ou un traître, il suffit de l'entendre quelques minutes causer en intimité, sans galerie, sans public, de sa jeunesse, de son père, de sa mère, de celle qu'il a aimée, pour savoir au juste ce qu'il vaut. On a pu accuser M. Emile Ollivier d'orgueil, de confiance illimitée en lui-même, d'élans imprudents, tout cela est possible, mais il faut lui reconnaître toujours une grande sincérité d'impressions, une entière bonne foi, qu'il s'agisse d'art, de philosophie et aussi de politique. Je n'en veux pour preuve que ce portrait qu'il fait de son héros, qui n'est que lui-même.

« Raoul avait alors vingt-six ans. Grand, mince, brun, d'une rare élégance de tournure et de mouvements ; le front vaste, les cheveux soyeux et abondants, les yeux noirs, caressants malgré leur pointe acérée, enfoncés sous des sourcils accusés, le nez aquilin, énergique, la bouche grande, aux lèvres fortes et mobiles, disposée comme le masque des acteurs antiques pour envoyer le son au loin, le menton droit et ferme, les extrémités délicates, nerveuses, presque féminines.

» L'aménité de ses manières n'en diminuait pas la gravité, pas plus que l'enjouement naturel de son esprit n'en voilait le sérieux. Sous sa douceur on sentait la fierté, ce qui maintenait dans les bornes plus que la hauteur. Il mettait vite à l'aise parce qu'il avait le don de la familiarité et le désir de plaire. Son humeur n'avait pas d'aspérités et, sans quelques promptitudes, elle eût été d'une égalité parfaite. Son ton, d'une vibration habituellement élevée, ne blessait pas parce qu'il était exempt de jactance, de pose ou de morgue. Il ne s'offrait pas plus qu'il ne se dérobait, mais il exigeait qu'on le cherchât. On ne le remarquait guère quand il se présentait quelque part, on le distinguait dès qu'il commençait à parler. Alors son regard prenait feu, le frémissement courait sur ses lèvres, ses traits s'éclairaient, sa voix se déployait en modulations émouvantes ou persuasives, il enlaçait, enveloppait, étreignait. « Comme M. Raoul embellit tout ! » dit une femme du peuple qui venait d'entendre un de ses récits. »

Peut-être sourira-t-on en lisant ces lignes où l'auteur semble se montrer avec une certaine complaisance. C'est qu'on aurait mal compris son caractère. Incapable de ne pas dire tout ce qu'il pense de lui-même, au moral comme au physique, M. Emile Ollivier regarde la modestie qui ne livre pas toute la pensée comme un mensonge et, s'il sait confesser une faute, il n'hésite pas à dire ce qui est ou ce qu'il croit la vérité, même quand elle lui est favorable. Appliquée à un autre que M. Emile Ollivier, cette dernière appréciation friserait le ridicule, elle n'est que juste quand il s'agit de lui.

Outre la partie autobiographique, on trouvera dans ce livre de belles envolées d'artiste, de philosophe, des pages d'une rare éloquence, un souffle poétique lamartinien, de curieuses notes sur l'Italie, sur la musique, sur Wagner, Berlioz et Listz, et, quoique le sentiment de l'art enveloppe tout le livre, on verra par places se soulever le voile et poindre le coin de l'oreille d'une vieille amie, la politique, qui n'est pas une dame à qui l'on impose le silence quand on le veut.

XX

ALBERT GAUDRY

ESSAIS DE PALÉONTOLOGIE PHILOSOPHIQUE

Un savant dont le nom est grand dans le monde de la science, M. Albert Gaudry, l'éminent professeur de paléontologie au Muséum d'histoire naturelle, bien connu par ses travaux, nous donne un *Essai de paléontologie philosophique*, ouvrage faisant suite aux enchaînements du monde animal dans les temps géologiques, et orné de plus de deux cents gravures dans le texte. Je n'ai pas à m'occuper de la haute valeur scientifique de ce livre, je me contenterai d'en signaler les conclusions philosophiques, qui me semblent intéressantes à enregistrer en ce moment où l'athéisme est devenu une sorte de sport à l'usage de ceux qui ont entrepris la tâche de réformer la société, sans se demander ce qu'il en adviendrait du jour où ils auraient réussi à lui retirer l'axe autour duquel elle gravite, c'est-à-dire : l'idée de Dieu. Une chose pourtant qui devrait leur donner à réfléchir, c'est de voir que nos plus grands poètes, nos plus grands savants, nos plus grands philosophes, ceux qui ont véritablement étudié la nature, pénétré le plus profondément ses mystères, n'ont jamais douté de ce principe dont nos réformateurs font si bon marché.

Constatant que la dimension des corps des animaux terrestres a de beaucoup diminué depuis les premières époques du monde, M. Gaudry enregistre les progrès continus dans l'activité, la sensibilité et l'intelligence des êtres.

« Alors commence le règne de l'homme où se résument, se complètent les merveilles des temps passés ; il conçoit l'immatériel, et, s'il ne peut bien comprendre l'œuvre de la création, du moins il l'entrevoit, rendant à son auteur un hommage que nul être ne lui avait encore offert.

» Ainsi, l'histoire du monde nous révèle un progrès qui s'est continué à travers les âges. Ce progrès s'arrêtera t-il ? j'ignore si, dans l'avenir, les plantes porteront des fleurs plus belles, des fruits plus délicieux. Je ne sais si les animaux s'amélioreront, mais ce qu'on peut assurer, c'est que l'homme n'a pas atteint son perfectionnement. Nous n'avons pas fini la série des inventions qui changeront la face de la terre ; nous n'avons pas élevé nos âmes autant que nous pouvons le faire ; à côté de quelques heureux, il y a beaucoup d'hommes qui souffrent et on n'a point efficacement pensé à employer, pour le bonheur de nos frères déshérités, les forces qui sont dépensées pour la guerre. Nous, paléontologistes, dont la vie se passe à constater les progrès des êtres animés à tous les âges, nous devons être pleins d'espoir ; nous affirmons qu'en dépit de maux passagers, nous progresserons encore !

. . . .

» Je me rappelle que mon cher maître d'embryogénie, Gerbe, me fit suivre jour par jour des œufs qu'une poule couvait: il me montra qu'au moment où ils sont pondus le jaune ne forme qu'un petit disque blanc appelé cicatricule ; cette cicatricule grandit de manière à envelopper le jaune et devient un blastoderme. Un jour on y distingue, autour d'un champ clair, un champ opaque et cerné par une veine dite coronaire ; de cette veine, il y a circulation vers un point central, et un autre jour ce point central devient un cœur qui bat. Je ressentis une étrange impression le jour où Gerbe me fit voir dans un œuf, sans mouvement la veille, un cœur qui battait. D'où vient ce mouvement ? Ce n'est pas de la mère, puisque l'œuf est séparé d'elle par une coque dure, et que la simple chaleur d'un four à éclosion produit le même effet qu'une couveuse. Encore une fois d'où vient cette force vitale ? Bientôt la vie va se répandre ; le poussin sortira de son œuf, il deviendra un oiseau charmant qui chantera, soignera ses petits et saura les défendre au péril de sa vie. »

Il faut suivre les déductions scientifiques de M. Albert Gaudry pour bien apprécier la justesse de ses opinions. Ne pouvant les aborder toutes, je me contenterai de citer ces quelques lignes qui commencent sa conclusion :

« J'arrive maintenant aux rapports du monde avec Dieu. Les êtres animés ne sauraient avoir eux-mêmes produit leurs forces vitales, car nul ne peut donner ce qu'il n'a pas. Quand nous imaginerons toutes les forces physiques ou chimiques, elles ne feront pas une force vitale et surtout une force pensante. C'est donc la cause première, c'est-à-dire Dieu qui crée les forces. »

Pour M. Gaudry, l'humanité semble la merveille à laquelle a abouti la création. Il n'admet pas que l'on confonde Dieu avec la Nature, si proche qu'elle soit de lui, organisateur immuable de la nature qui se modifie sans cesse. Dieu est le point fixe où doit se reposer l'âme qui se complaît dans l'idée d'un être infini qui, au milieu des changements des mondes, ne change point.

XXI

EDOUARD DRUMONT

DE L'OR, DE LA BOUE ET DU SANG

De l'Or, de la Boue et du Sang, par Edouard Drumont. — « Ce n'est pas là le livre d'un optimiste », écrivait un journaliste à propos de la publication de ce volume. Notre confrère avait raison et ce titre rouge sang, sur lequel se profile un noir corbeau, indique assez sous quel point de vue l'auteur a envisagé l'époque accidentée que nous traversons. C'est l'histoire de la France, passionnée il est vrai, mais c'est de l'histoire que cette suite de protestations contre les actes de compression, de favoritisme et de despotisme qui se cachent sous notre belle devise : Liberté, Égalité, Fraternité. Les chapitres qui composent le livre d'Edouard Drumont ont, pour la plupart, paru sous forme d'articles dans la *Libre Parole*, et plusieurs d'entre eux resteront, certainement, au nombre des meilleurs morceaux du grand polémiste. Dans ce choix, il faut remarquer ceux qui expliquent la démoralisation et les crimes d'aujourd'hui par ceux des ancêtres des révolutionnaires, et qui refont le procès des conventionnels Carnot et Cavaignac.

« Figurez-vous Ravachol, Vaillant, Henry, Pauwells, Rabardy avec des écharpes tricolores au flanc, s'entendant avec les compagnons de chaque localité pour égorger les bourgeois comme les bourgeois de la Révolution égorgèrent les aristocrates, et vous aurez une idée de la Terreur. Le mot d'*aristocrates*, nous l'avons dit, avait alors le même sens effroyablement général qu'a le mot *bourgeois* aujourd'hui, et la vérité est qu'on a tué beaucoup plus d'hommes du peuple et d'artisans que de nobles.

» Quand on pense à cela, on voit des vieilles gens à moitié en enfance, des jeunes filles à peine nubiles, des religieuses, des prêtres, des chevaliers de Saint Louis, des domestiques, des gamins de quinze ans passant tour à tour sous le couperet. — Me feras-tu bien du mal? demande au bourreau le malheureux enfant dont on ne peut ajuster le cou sous la lunette. — Elles sont trop belles pour mourir! crie la foule à Nantes, en voyant passer les demoiselles au ruban bleu. — Rien n'est trop beau pour le bon Dieu! répond l'une d'elles en souriant.

» Tournez-vous de ce côté : voici les religieuses de

Valenciennes ; elles sont parties au moment du siège ; elles sont revenues plus tard sur l'ordre de la Mère abbesse ; elles ignorent absolument ce qui se passe. On les guillotine et elles vont à la mort en chantant le *Salve Regina*.

» Plus loin, voilà ce pauvre fils qui accompagne à l'échafaud sa vieille mère en démence. Ce n'est pas une corvée agréable pour un fils. — Où m'emmènes-tu donc? demande la vieille. Est-ce que nous allons visiter notre ferme? — Non, maman, nous allons visiter le Ciel !... »

Tout cela, ajoute Drumont, a été fait par des Carnot, des Cavaignac, par des bourgeois dont les fils, gros propriétaires aujourd'hui, sont des zélés défenseurs de l'ordre social : par un certain nombre d'ancêtres de députés conservateurs qui regardent comme sacrée la propriété des biens nationaux que leurs ascendants ont volés.

Telle est la thèse générale du livre ; le mal vient du péché originel qui retombe sur nous, qui nous ruine à tous les points de vue et, finalement, nous tue. Je cite encore cet éloquent passage bien fait pour donner à réfléchir :

« Il y a cent ans, des milliers d'innocents étaient égorgés à Lyon en vertu d'un décret du Comité de Salut public au bas duquel était la signature de Carnot.

« *La ville de Lyon sera détruite*, disait l'article 3 de ce décret. *Tout ce qui a été habité par les riches sera démoli.* ».

» Le sang coule à grands flots, les blessés râlent et demandent qu'on les achève.

» Cent ans après, le petit-fils de Carnot fait son entrée solennelle dans la ville pavoisée. Toutes les autorités viennent se prosterner devant lui, l'archevêque, qui ne serait pas fâché d'être cardinal, ne craint pas de louer ce chef d'État qui a approuvé toutes les lois contre l'Église.

» Soudain un assassin se dresse et frappe cet homme qui, personnellement, est intègre, qui, dans sa vie privée, est sans reproches. Qui a suscité ce scélérat ? Qui lui a inspiré ce détestable dessein ? L'assassin est sorti d'un germe révolutionnaire laissé là par les tueurs de 93. Le terroriste a enfanté l'anarchiste et l'anarchiste tue celui qui l'a engendré. »

Outre la partie (la plus considérable) consacrée à la politique, le volume de M. Drumont en contiendra une autre toute charmante, sorte d'oasis pour ceux que le récit des luttes sociales présentes et les sinistres prophéties pourraient effrayer. C'est la description de certains coins du vieux Paris qui commence le livre et que M. G. Coindre a ornée de charmantes vues d'une grande fidélité. Avant de se rendre à Sainte-Pélagie, où l'attendaient ses trois mois de prison, M. Drumont s'est mis à flâner dans le quartier, tout comme un écolier qui tient à arriver le plus tard possible au collège. Il a regardé les vieilles maisons, les souvenirs s'en sont dégagés et il a écrit. Cette partie du livre plaira certainement à tous les lecteurs.

XXII

PAUL MARGUERITTE

LE JARDIN DU PASSÉ

C'est un charmant livre de rêveries, de retour sur soi-même, que ce *Jardin du Passé* de M. Paul Margueritte. N'y cherchez pas de roman, pas de drame, ni de comédie ; ne lui demandez pas autre chose que ce que vous demandez à votre esprit quand, dégagé des préoccupations journalières, seul ou seule, vous le laissez errer et évoquer à sa fantaisie, un jour de soleil ou de pluie, une impression de bonheur ou de mélancolie. C'est dans cet état moyen qui n'est pas encore le rêve, qui n'est déjà plus la réalité du moment, que renaissent tour à tour des images que l'on croyait très effacées et qui reprennent, pour un instant, toute leur netteté de forme, toute leur vivacité de coloris ; puis elles pâlissent, s'estompent, s'effacent, et font place à d'autres qui leur succèdent comme ces tableaux fondants que l'on nous montre par je ne sais quels artifices d'optique. Fixer sur le papier de telles évocations semble aussi difficile que de recueillir et conserver des rayons de soleil, des lueurs lunaires ou des senteurs de printemps, comme on enfermerait des fleurs dans un herbier. C'est ce tour de force qu'a accompli, tout naturellement, M. Paul Margueritte, écrivant, comme sous une dictée de sa mémoire, jusqu'à des nuances d'impressions, de sensations venues inconsciemment pour le plus souvent.

Voici par exemple, et je prends parmi les souvenirs les plus précisés, une page qui pourra donner idée du charme du livre et de la façon dont l'auteur sait effleurer tout ce qu'il touche. La petite scène se passe, je crois, dans les environs de Cannes, dans une de ces quelques stations où les médecins envoient les malades pour qu'ils y guérissent ou pour qu'ils y restent ; c'est le récit d'une promenade en voiture dans ces chemins montants qui vous montrent, entre des rochers, des coins de mer bleue ou des bois d'oliviers :

« Rien ne frappe l'esprit comme la répétition des petites choses ; et rentrer dans le tournoyant ravin en zigzag et déboucher sur l'infini bleu de ciel et d'eau, créait probablement à la longue, dans mon esprit, une de ces obsessions dont le malaise touche au vertige.

» Une plus précise hantise devait aggraver ce spleen inexplicable ou insuffisamment expliqué, le nuancer de sentimentalité confuse, d'impossible désir et de regret illusoire. Notre voiture venait de frôler deux miss en robe blanche, petit canotier de paille anglais, hautes cannes de touristes en main. Le visage au soleil, longues, droites, d'un pas ferme de garçons, avec cette démarche qui déplace tout le corps et qui garde de l'insexuel des fillettes en train de grandir, elles montaient, elles aussi, à l'observatoire, coupant par des raccourcis. Leurs jupes courtes sur des souliers de cuir fauve émergeaient ou disparaissaient derrière les taillis, emportant la pensée à peine sensuelle, et cependant teintée de vague volupté, qui s'attache comme un chardon bleu à la traîne des robes jeunes et vivantes, au mystère de la cloche d'étoffe battant sur l'invisible battant des jambes, sur les pieds nerveux et qui semblent, à la façon dont ils se posent et choisissent leur chemin, avoir une âme. Parfois, la voiture rattrapait les jeunes filles, et leurs énergiques petits visages, roses et blancs, éclairés d'yeux d'eau de mer et d'un sourire à dents blanches, rayonnaient du plaisir de nous devancer quand même, sûres qu'elles étaient de nous précéder à l'observatoire. Leurs chignons d'or tordus en boule dégageaient leurs nuques nues, et les phrases qu'elles échangeaient, brièvement, en anglais, donnaient un charme d'incompréhensible à la mimique parlante de leurs traits.

» Nous avions cependant, de tournants en tournants, de creux d'ombre en paliers de lumière, atteint la plate-forme de l'observatoire ; les deux miss, les mains à la balustrade, contemplaient déjà la plaine magique, l'eau, les monts, Cannes, les îles. La mer, au soleil de quatre heures, pâlissait ; l'orbe du bouclier clair brillait dans l'eau, d'un éclat moins net ; sur l'azur laiteux du golfe, des stries, des moires, des ondulants reflets traçaient de cabalistiques dessins, des ellipses de pelouses, des ronds-points, des entrelacs d'allées, un bizarre jardin de la mer ; au large, l'eau prenait ce miroitement grenu qui rappelle la peau de chagrin. Un souffle froid passa tout à coup et fit vaciller la mer, les rayons pâles, les arbres : le souffle traître qui annonce dans ces pays la fin du soleil. Les miss frissonnèrent, du même mouvement d'épaules remontées et surprises, elles serrèrent leurs coudes à leurs tailles et s'étant consultées du regard, vivement redescendirent la côte, leurs robes blanches passant et reparaissant au hasard des raccourcis.

» Ah ! ce frisson, et la toux qui l'avait accompagné, une petite toux sèche et irritée, discrète et contenue, une toux fâchée de se faire entendre, car les toux ont une voix en ces stations de malaria et de male langueur, et il y en a de vieilles et de fêlées, de grossières, de délicates, de bruyantes, d'étouffées, des toux qui ont l'air de visages et qui vous hantent de leur souvenir ; ah ! ce frisson et cette petite toux ! »

Et l'auteur continue sur ce ton, fouillant dans ses souvenirs d'enfance ou de jeunesse, et variant des impressions personnelles sur l'éternel thème de la « Tristesse d'Olympio » dont ces quatre merveilleux vers résument la grandeur, et qui viennent d'eux-mêmes au bout de ma plume :

Que peu de temps suffit pour changer toutes choses !
Nature au front serein comme vous oubliez !
Et comme vous brisez dans vos métamorphoses,
Les fils mystérieux où nos cœurs sont liés !

XXIII

LUCIEN PATÉ

LE SOL SACRÉ

Sous ce titre : *le Sol sacré*, M. Lucien Pâté vient de faire paraître un livre plein de beaux vers et de hautes pensées ; ce sont, pour la plupart, des pièces où il chante la France et ses gloires qui composent un volume dont je voudrais citer bien des morceaux ; j'en détache, pour donner idée de la chaleur avec laquelle sont écrites ces poésies, deux des strophes d'une ode à notre grand et immortel Lamartine :

> Ta place est entre ces figures
> Qui touchent à peine au réel,
> Au front baigné de clartés pures
> Comme Mozart ou Raphaël !
> Mais l'acte en toi valait le rêve,
> Le beau toujours, le beau sans trêve !

Sans tache au cœur, sans tache aux mains
Prêt à jeter — sanglant trophée —
Comme Chénier ou comme Orphée,
Ta belle tête aux loups humains !

Ta place est aussi près d'Homère,
Le large fleuve aux grandes eaux,
Roulant, sans une goutte amère,
A pleins bords, entre les roseaux !
Je lui compare ton génie,
Et si les chemins d'Ionie
Ont été durs pour ses pieds nus,
Je songe qu'aux chemins de France
Tu traînais la désespérance
Des grands serviteurs méconnus !

Parmi les pièces les plus émouvantes de ce recueil de belles inspirations, je signalerai, entre bien d'autres : « le Berceau », « la mort de Démosthène ».

XXIV

G. LARROUMET

ÉTUDES DE LITTÉRATURE ET D'ART

Indépendamment de la valeur des critiques littéraires et artistiques qu'il renferme, c'est par sa variété que se recommande le volume que M. G. Larroumet vient de publier sous ce titre : *Études de littérature et d'art*. Laissant de côté, à mon grand regret, ses appréciations sur des écrivains comme MM. Alphonse Daudet, Loti, Hervieu, d'Annunzio, Art Roë, sur Thoré, Castagnary, de très belles pages sur nos grands peintres français Jules Breton et Gustave Moreau, je me suis senti retenu par les chapitres intitulés l'un : « Impressions de Hollande », et l'autre : « Impressions d'Italie ». Avec une familiarité, un abandon pleins de charme, l'auteur nous raconte le voyage qu'il a fait en Hollande où l'appelait une série de discours et de conférences qui lui étaient demandées. C'est le détail de ces impressions, des menus faits racontés sans leur donner d'importance, qui en fait l'intérêt. Voici par exemple une petite scène de wagon :

« Je n'ai pu faire à Leuwarden mon métier de bavard. Un Hollandais, qui s'assied dans le wagon, en face de moi, se charge de me dédommager. Il est gros, trapu, tout d'une pièce ; il fait des mouvements rares et méthodiques. Sur un visage rose, son épaisse moustache s'arrête net au niveau de la lèvre. Il fume, par bouffées égales, une pipe qui lui ressemble. Cet homme et cette pipe sont, à l'image de leur pays, de facture solide et un peu lourde. Il me regarde sans l'affectation d'indifférence dédaigneuse ou hostile dont s'enveloppent en voyage la plupart des Anglais et beaucoup de Français. Sa curiosité est franche et avisée. Il se demande quelle somme d'utilité ou d'agrément il pourra tirer de son compagnon de hasard. Et il attend, sans hâte, avec le désir visible d'engager la conversation. Je tire le *Figaro* de ma poche et il en conclut que je suis Français. Il enlève sa pipe et me dit posément en détachant ses mots : « Monsieur, il fait froid. » Je réponds : « Oui, monsieur ». Il reprend : « Bientôt, on pourra, si ça continuerait, patiner. » Je rectifie d'instinct : « En effet, si ça continue, on pourra patiner. » Lui : « Je remercie la leçon. » — Moi : « Je ne vous donne pas une leçon ! Je n'ai fait que répéter votre phrase. » Lui :

« Si, je vous prie donner la leçon, en causant avec moi. » Et je l'ai donnée.

» Mon homme, sous couleur de me fournir des renseignements pratiques sur son pays, a repassé son manuel de conversation usuelle : l'hôtel, le chemin de fer, le cocher de fiacre. Pour finir, un petit cours de politique : il m'a expliqué pourquoi la Hollande, jadis républicaine, s'accommode si bien d'une monarchie. Elle est aussi libre que la plus libre démocratie, mais, avec un roi ou une reine, ce pays, bien petit aujourd'hui et bien faible à côté d'un formidable voisin, est protégé par la solidarité monarchique, par le respect qu'un empereur de droit divin doit professer, malgré qu'il en ait. Je lui accorde qu'il y a là une part de vérité et aussi quelque chose de touchant dans le respect qui entoure la petite Reine, dont je vois l'image sur les timbres-poste et les *gouldens*. Pourtant, l'exemple de la Saxe ou même de la Bavière... Enfin, il est certain qu'un stathouder serait pour la Hollande une moindre sauvegarde, puisque de sauvegarde il s'agit.

» A Meppel, mon compagnon me quitte, sur une poignée de main bien convaincue et bien franche. Il a pris sa leçon et m'a donné quelques conseils utiles. En bon Hollandais, il a tiré parti de la rencontre, sans m'exploiter, pour son profit et pour le mien. Il a été cordial et pratique. »

C'est cette légèreté de récit, cette sorte de façon de

converser avec son lecteur qui fait aux livres de M. Larroumet le succès de ses conférences. Avant de fermer celui-ci, je citerai encore ce passage des impressions d'Italie ; le voyageur est à Milan :

« J'ai le vague souvenir d'une statue colossale de Napoléon III érigée par la reconnaissance milanaise. J'ai déjà vu, sur les places, Cavour tenant le décret de l'annexion lombarde, et Cadorna, le général qui prit Rome en 1870, mais pas de Napoléon III. J'interroge mon cocher qui, après réflexion, me dit : « Je sais où il est. » Et il me conduit devant un édifice d'aspect abandonné. A travers une porte, j'aperçois une cour silencieuse et verdie par l'humidité. Au centre s'élève, en effet, une statue équestre de Napoléon III. Il est en uniforme de général et salue, le képi à la main. C'est le costume et l'attitude de l'entrée à Milan. La statue est le double de nature ; elle était conçue pour être sur une place publique, sur un haut piédestal, triomphante et dominante. Ici, dans cette solitude et ce silence, élevée à deux pieds du sol sur un bâtis de briques, elle inspire une mélancolie poignante. Avec les ossuaires de Magenta et de Solférino ; avec quelques médiocres tableaux, représentant des scènes de 1859, disséminées dans les musées d'Italie ; avec quelques détails faisant leur part aux Français, sur des monuments comme celui de Victor-Emmanuel, à Venise — où l'on voit, en bas-relief, les zouaves de Palestro arrêtant le cheval du roi, qui charge en soldat — voilà tous les monuments artistiques de la reconnaissance italienne envers la France. »

Le fait — et M. Larroumet le dit lui-même — n'est plus exact aujourd'hui, puisque le 4 juin 1895, anniversaire de la victoire, une statue du maréchal de Mac-Mahon a été inaugurée à Magenta ; mais la reconnaissance envers le grand soldat efface-t-elle l'ingratitude envers l'Empereur ? C'est là une question à soumettre à ceux qui ne font pas de politique.

XXV

LÉONCE DE JONCIÈRES

L'AME DU SPHINX

L'*Ame du Sphinx*, tel est le titre d'un volume de poésies que M. Léonce de Joncières vient de publier et qui contient de nombreux morceaux pleins de couleur et de force descriptive. Sans lui avoir rien emprunté, M. de Joncières a quelque chose de la forme de Théophile Gautier, et il est telles pièces, « l'Islam » par exemple, qui pourraient, sans désavantage, prendre place dans le charmant petit livre célèbre sous le titre d'*Émaux et camées*. L'auteur, un peintre de talent, est coloriste, et c'est à l'Orient qu'il a demandé la magie de son soleil et les sujets de ses belles envolées de poète. M. de Joncières excelle dans la description des choses d'Égypte. Il emprunte ses sujets au temps des Pharaons ou au nôtre ; un rien fait vibrer sa lyre jeune et facile, et il ne lui faut pas grand prétexte pour prouver qu'il est poète ; témoin ce sonnet que je copie au hasard et dont les artistes savoureront la délicatesse ; il a pour titre : « La fille au petit char. »

Dans la vase, tout nus, sous un soleil vorace,
Les enfants plébéiens, qui s'ébattent entre eux,
Effarent sur le Nil les grands flamants peureux
Dont l'oblique vol monte et tombe en longue trace...

Assis sous le vélum qui bleuit sa terrasse,
L'aïeul, vêtu de gloire, issu de Rois nombreux,
Baisse son front songeur. Et sous l'œil ténébreux
De ce vieillard mourant, frêle espoir de sa race,

La petite Isemkheb, princesse de Memphis,
S'amuse, en mordillant un gâteau de maïs,
A faire évoluer d'une main malhabile

Des lézards attelés de brins de papyrus
Au minuscule char fait de paille et d'argile
Où trône sa poupée à coiffe de lotus.

Et celui-ci : « Le vélum rouge, » dédié aux coloristes :

Sous le vélum de pourpre épandant sa rouge ombre,
Le sable de la cour est comme du corail ;
Les cailloux sont des grains de grenade sans nombre ;
Et du bassin creuset incandescent d'émail

Un grand jet de rubis s'élance et se dilate ;
Les feuillages sont tous fleuris de vermillon ;
Ibis roses ou blancs se vêtent d'écarlate ;
Le frelon est vermeil, vermeil le papillon.

Or là, comme une idole étrangement fardée
De cinabre, voici l'esclave She-sonît
Qui file, assise au fond d'une stalle en granit.

Et du fuseau tournant la laine dévidée,
Qui court et glisse autour de ses doigts de carmin,
Semble un filet de sang s'écoulant de sa main.

Le tableau est charmant et c'est l'œuvre d'un peintre en même temps que d'un poète.

XXVI

CATULLE MENDES

GOG

C'est un livre bien étrange que celui que vient de publier M. Catulle Mendès sous ce titre : *Gog*. Avec son rare talent d'écrivain, l'auteur y a entassé toutes les fantaisies, tous les rêves, toutes les ivresses, voire même les cauchemars qui puissent sortir d'un cerveau humain. A des scènes fantastiques il a soudé des scènes de la vie réelle et nous conduit du livre d'Ezéchiel au foyer des Bouffes-Parisiens, des récits de foudroiements d'archanges rebelles aux aventures de mademoiselle Savatte, une fille d'assez mauvaise vie ; des profondeurs des abîmes de l'Apocalypse à une table de baccara entourée de filous, partout enfin, et cela à l'aide d'un fil généalogique si grêle qu'on a toujours peur de le voir casser. Je n'essaierai pas l'analyse de ces deux volumes, bourrés d'épisodes de la vie parisienne, d'anecdotes où figurent des êtres vivant parmi nous, mais suffisamment voilés pour n'être pas reconnus. Je me contenterai, pour aujourd'hui, afin de donner idée du ton du livre, de cette page prise à l'introduction et qui en indique assez bien l'allure générale. La scène se passe dans un château du moyen âge, entre un seigneur et une sorte de sorcier qui soupent ensemble. C'est le sorcier qui a la parole :

« Tu n'en sais pas long, bien que tu aies été instruit par les Bénédictins de Louvignolles. Me voici en nécessité de t'apprendre que la Genèse n'est point comme on l'enseigne, comme nous l'enseignons, le premier des Livres sacrés ; elle fut précédée d'une autre Bible, appelée les Guerres de Jéhovah. Si on retrouvait cette Bible, il y aurait beaucoup de changement dans les opinions humaines ; mais il n'est guère à redouter qu'on mette la main dessus. Elle fut cachée, dans la hutte d'un barbare des contrées du Nord, sous la terre glacée, par le dernier mage à qui fut donné de la lire. A l'heure où je te parle, des hommes-bêtes, vêtus de peaux d'ours marins et oints d'huile de phoque, mangent des entrailles de poissons, le derrière sur l'Écriture qui seule pourrait révéler les véritables destinées de Dieu et des Hommes.

» — Les véritables destinées de Dieu ! dit Robert, la bouche pleine d'une demi-aile de cigogne aux pistaches. Mais toi, cette Écriture, tu la connais ?

» — Assez pour t'en révéler ce que tu en dois apprendre. Sache donc que dans ces immémoriales guerres où les plus beaux et les plus forts des Anges combattirent le Seigneur, ce ne fut pas celui-ci qui remporta la victoire. »

» Robert faillit s'étrangler de l'osselet de l'aile :

» Dieu fut vaincu ?...

» — Par Iblis, qu'on nomme aussi Lucifer. Et s'il n'a point cessé d'être, c'est que rien ne saurait faire que l'éternité ne dure. Mais il fut précipité en des ténèbres bien closes, d'où l'évasion ne laisse pas d'être difficile.

» — Ciel ! voilà un étrange mensonge et un abominable blasphème ! Mais qui donc, alors, aurait créé le monde, selon qu'il est relaté dans la Genèse ?

» — Le chef des Anges vainqueurs, celui que vous nommez le Diable.

» — Le Diable a créé le monde ?

» — Sans doute, et il est singulier que, à voir la façon dont il est fait et dont l'homme s'y gouverne, aucun vivant, même sans en être averti, n'en ait eu le soupçon.

» — Mais il est écrit que Dieu, en six journées...

» — Non pas Dieu ! Celui qui en prit la place et le nom. Car il eût été maladroit d'avouer aux races nouvelles, et plus tard aux humanités successives, qu'elles avaient pour dominateur, non le Seigneur véritable, mais le rebelle triomphant, l'usurpateur heureux ! Cela aurait pu nuire à son prestige. Il le comprit, et le fit comprendre à ceux qui avaient combattu et vaincu avec lui : les mauvais Anges acceptèrent de passer pour les bons Anges enfouis aux éternelles ténèbres, tandis que Lucifer tenait lieu de Jéhovah déchu. De là le monde où nous sommes, et la vie !

» — De sorte que c'est le Mal qui est aux Cieux ?

» — Et que tu invoques en disant ton *Pater*.

» — Par suite, ce que nous pensons être la Vérité, la Vertu, la Pudeur, le Droit, l'Honneur...

» — A beaucoup de chance pour ne rien moins être que cela, si l'on suppose, il est vrai, que n'importe quel mot ait en effet telle signification plutôt que telle autre, et, encore, qu'il ne faille pas croire que l'inverse soit précisément le Contraire. D'ailleurs, on n'est pas très bien informé des idées personnelles que le primitif Seigneur avait sur les diverses questions dont se préoccupe la conscience humaine. »

Il est évident que cette théorie ne satisfera pas les juifs ni les chrétiens catholiques ou protestants, ni ceux qui pratiquent une religion quelle qu'elle soit, mais elle est excellente comme point de départ d'un roman philosophique, et permet à l'auteur de promener sa fantaisie partout où il lui plaît. M. Catulle Mendès n'y manque pas, et si parfois il est obscur par surcroît d'explications, par trop d'abondance de faits, d'incidences, d'intentions, bien souvent aussi il s'élève très haut sur les ailes de poète auxquelles la nature l'a attaché. Alors il vous emporte avec lui et, malgré vous, vos raisonnements, votre logique, vous charme tout en vous donnant le vertige.

XXVII

G. RODENBACH

LES VIES ENCLOSES

Voici un nouveau volume de vers d'un charmant poète, M. Georges Rodenbach, dont j'ai pu suivre, depuis ses débuts, toutes les étapes littéraires. Pour s'être modifié, n'avoir plus la fleur et la naïveté de la première jeunesse, sa muse n'a rien perdu de son charme ni de sa grâce ; peut-être même a-t-elle acquis, au contact du monde, la conscience de ses élégances, et la façon de les mieux faire apprécier. La jeune fille montre à nu son visage comme son âme ; elle court, ne s'inquiétant pas de ce que le vent fait de ses cheveux, comment il arrange ou dérange un ruban, un pli de jupe, elle ne pense qu'à vivre, aspirant avec l'air tous les éléments qui feront plus tard sa beauté de femme. Quelques années sont venues ; plus de visage découvert, plus de gestes désordonnés ;

une fine voilette arrête les regards, la jupe tombe en plis d'une harmonie irréprochable ; on ne la voit plus précisément, il faut la deviner et c'est dans ce mystère qu'elle cherche son nouveau charme. La poésie de M. G. Rodenbach a suivi cette pente naturelle et s'est modifiée ainsi, empruntant, elle aussi, une partie de son attrait aux voiles dont elle sait s'envelopper, et à l'effort qu'elle impose à l'esprit pour pénétrer jusqu'à elle.

Pour mieux prouver ce que j'avance, je ne saurais mieux faire que de citer une page du nouveau livre que M. Rodenbach vient de faire paraître sous ce titre : *les Vies encloses*. C'est ce qui se passe derrière une vitre, dans un miroir, dans l'eau d'un aquarium emprisonnée dans ses murs de glaces, qui a séduit cette fois le poète :

Dans l'aquarium clos songent les actinies,
Anémones de mer, sensitives de l'eau ;
Les moires peu à peu se sont aplanies
Qui tout à l'heure s'arrondissaient en halo
A l'endroit qu'a blessé quelque nageoire en fuite ;
Le silence renaît et plus rien ne s'ébruite
Dans le bassin peuplé de formes en arrêt.
Alors, dans l'eau, sans nul frisson, les actinies
S'ouvrent, comme une bouche au baiser s'ouvrirait,
Fardant de rose un peu leurs corolles blêmies,
Mais sensibles encor comme une plaie en fleur ;
Car le moindre nouvel éveil d'une nageoire
Les rétracte aussitôt parmi l'eau qui se moire,
Encor que le poisson soit doucement frôleur,

8.

> Et les voilà toutes recloses, racornies,
> Toutes tristes comme une bouche après l'adieu !
>
> Or nous avons aussi dans nous des actinies :
> Rêves craintifs qui se déplient parfois un peu,
> Jardin embryonnaire et comme sous-marin,
> Fleurs rares n'émergeant que dans la solitude,
> Bijoux dont le silence entr'ouvre seul l'écrin.
> Mais combien brefs, ces beaux instants de plénitude
> Qui sont le prix du calme et du renoncement !
> Car revoici toujours les nageoires bannies
> D'un rêve trop profane au louche glissement
> Qui crispe l'eau de l'âme et clôt les actinies.

En y regardant bien on retrouvera dans ce morceau toutes les qualités premières de M. Rodenbach, mais souvent obscurcies par le désir de tout dire, tout exprimer ; son ingéniosité, qui le sert fréquemment, vient aussi quelquefois atténuer la clarté de l'idée, et l'esprit du lecteur, toujours un peu paresseux, en perd parfois le point de départ, distrait qu'il est par des images et des réflexions incidentes.

XXVIII

HENRY ROUJON

MIREMONDE

C'est un petit joyau littéraire que *Miremonde*, la charmante et délicate fantaisie que M. Henry Roujon vient de faire paraître. On se représente mal le directeur des beaux-arts, tout aux préoccupations de son administration, pressant la fin si attendue de la reconstruction de l'Opéra-Comique, songeant à la nomination d'un sérieux et actif administrateur du Conservatoire, aux travaux de Versailles, installant la direction des bâtiments civils dans ses bureaux, désireux de reprendre au plus tôt la si utile publication de l'Inventaire des richesses d'art de la France, etc., etc., on se le figure mal, disais-je, trouvant le temps de polir jusqu'à la perfection une œuvre littéraire. Aussi nous présente-t-il *Miremonde* comme un péché de jeunesse ; soit, car la jeunesse s'y déclare partout, et quel joli péché elle a jadis fait faire là à M. Roujon.

M. Henry Roujon, dont je n'ai pas à répéter les louanges méritées comme directeur des beaux-arts, a toujours été un lettré, mais les occupations administratives l'ont, heureusement d'un côté, malheureusement de l'autre, empêché de continuer à écrire ; et c'est grand dommage pour les lettres, si c'est tant mieux pour les beaux-arts. J'ai ressenti, en lisant *Miremonde*, un plaisir que ne me prodiguent guère aujourd'hui nos faiseurs accoutumés de romans, études et nouvelles. Il me semblait, toute proportion gardée, et qu'on ne croie pas que je veuille écraser M. Roujon sous de trop gros compliments, il me semblait, quand j'ai fermé ce petit volume, que je venais de lire quelque chose comme un conte commencé par Voltaire et terminé par Musset, tant l'esprit y est alerte, français, tant cette fantaisie a de légèreté et de charme. Mieux que je ne le saurais faire, Alexandre Dumas fils résuma en une préface les mérites de ce joli roman, et je m'abstiendrai devant sa critique et ses éloges ; ce sera un double régal pour les lecteurs que de goûter à la prose de Dumas et celle de M. Roujon.

Une courte analyse de *Miremonde* : Don Juan n'a pas été englouti dans le précipice où l'a entraîné la statue du Commandeur ; il n'y a eu dans cet événement qu'une exagération de ses contemporains portés comme les nôtres à grossir toutes choses ; la vérité, c'est que Don Juan s'est aperçu un jour que, comme un sot, il avait sacrifié son bonheur en la personne d'Elvire ; revenu à la raison, il a voulu implorer son pardon de celle qu'il avait abandonnée ; au lieu de la douce et aimante Elvire, au lieu de la tendre et passionnée jeune fille, il n'a plus retrouvé qu'une femme qui l'a recueilli, mais sans joie, qui lui a ouvert ses bras, mais sans amour ; il n'a retrouvé en elle qu'un cœur que sa perfidie avait éteint et qui ressentait déjà le froid de la mort qui la gagnait. Elvire est morte, Don Juan a compris son crime, a regardé sa conduite, l'a trouvée odieuse et s'est condamné à la retraite. Retiré dans son palais de Miremonde, il y a vieilli avec Leporello. C'est là qu'il donne l'hospitalité à un jeune seigneur qu'un chagrin d'amour avait conduit dans cette solitude et qu'il force à trinquer à la santé de l'infidèle et du trompeur à qui il doit de la reconnaissance, puisqu'ils ont appris quelque chose de la vie.

C'est là, en gros, le résumé de ce récit, charmant de tous points et dont je suis fort heureux de constater le succès.

XXIX

JEHAN RICTUS

LES SOLILOQUES DU PAUVRE

Jehan Rictus, quel habitué du Chat Noir ne connaît son nom? Qui n'y a aperçu sa longue et mince silhouette, qui ne sait la finesse de son esprit et, sous des aspects fantaisistes, la profondeur de sa philosophie? Je tiens à le présenter à ceux qui n'ont pas été au célèbre et artistique cabaret de la rue Victor-Massé, en reproduisant quelques strophes d'une poésie qui me paraît caractériser précisément son talent. Cette pièce, qui a paru en plaquette au Chat Noir, a pour titre : les *Soliloques du pauvre :* Jehan Rictus y apprécie les écrivains, artistes, peintres qui ont entrepris la glorification du pauvre et s'en sont fait de solides revenus :

> Pour eux, les pauvr's c'est eun' bathe chose,
> Un filon, eun' mine à boulots ;

Ça s' met en dram', en vers, en prose,
Et ça fait fair' de chouett's tableaux !

Oui, j'ai remarqué, mais j'ai p't'êt tort.
Qu' les ceus' qu'y s' font nos interprètes
En geignant su' not' triste sort
Se r'tir'nt tous après fortun' faite !

Ainsi t'nez, en littérature,
Nous avons not' Victor Hugo
Qui a tiré des mendigots
D' quoi caser sa progéniture !

Ah ! celui-là vrai ! à lui l'pompon !
Quand j' pens' que, malgré ses meillons,
Y s' fit ballader les rognons
Du bois de Boulogne au Panthéon,

Dans l'corbillard des misérables,
Enguirlandé d'Béni-bouff'-tout
Et d' vieux birbes à barb's vénérables…
J'ai idée qu'y s'a foutu d' nous !

. . . .

J'en ai ma claqu', moi à la fin
Des *P'tits Carnets* et des chroniques
Qu'on r'trouv' dans les poch's ironiques
Des genss' qui s'laiss'nt mourir de faim !

. . . .

Allez ! Tout c' monde-là s' fait pas d'bile.
C'est des bons typ's, des rigolos,
Qui pinc'nt eun' lyre à crocodiles
Faite ed' nos trip's et d'nos boïaux !

L'en faut des pauvr's, c'est nécessaire
Afin qu' tout un chacun s'exerce ;

>Car si y gn'avait pus d'misère
>Ça pouirait ruiner leur commerce.

. . . .

>Et qu'on m'tue ou qu'j'aille en prison !
>J' men fous, je n'connais plus d'contraintes :
>J'suis l'Homme Modern', qui pouss' sa plainte,..
>Et vous savez bien qu' j'ai raison !

Que de choses dans ces paroles entendues au milieu de la fumée de tabac et du bruit des bocks ! Quel sermon, quel discours à la tribune vaudra cette protestation patoisée qui nous dit la vérité sur les Petits-manteaux-bleus de la politique ! Combien d'élus du Palais-Bourbon ne sauraient plus que faire si la pauvreté, leur gagne-pain, était un jour supprimée ?

XXX

MADAME ADAM

LA PATRIE PORTUGAISE

A la « Patrie hongroise » madame Adam vient de donner un pendant qui n'offre pas moins d'intérêt : *La Patrie portugaise*. Ce volume est composé des souvenirs personnels de l'auteur, pris au cours d'un voyage fait aussi bien dans les campagnes, les rues, les musées, que dans l'histoire, les salons, la littérature du Portugal d'autrefois et de celui d'aujourd'hui. Dans ce livre on sentira partout l'impression de la sincérité, une des meilleures qualités de l'auteur, et on trouvera, outre des notes de voyage très « documentées, » comme il faut dire aujourd'hui, des remarques de toutes sortes sur les choses et sur les idées.

Madame Adam est née sous une étoile heureuse qui, entre autres dons précieux, lui a accordé la bonté et la philosophie. De la bonté je n'ai pas à parler ici, sous peine de répéter, mais je trouve, dans les premières pages du volume, cette petite leçon de philosophie pratique que je ne résiste pas au plaisir de faire connaître à mes lecteurs :

« Lorsque j'ai froid en hiver, j'oblige mon imagination, je la contrains, à se représenter une plaine provençale par un midi de juillet, la route blanche aveuglante, les champs crevassés, les arbres poussiéreux, la superbe implacabilité du ciel bleu, l'engourdissement exquis, inoubliable, quand on l'a éprouvé, qui vous arrête à l'ombre d'un arbre, et vous rend incapable de continuer une promenade.

» Cette chaleur qu'on retrouve par le souvenir qu'on imagine à nouveau est une force réelle, car elle réchauffe pendant le froid : oui, elle réchauffe réellement.

» L'été dernier, je n'ai point quitté Paris ; durant des semaines, des mois, nous vivions dans une fournaise, les murs, les pavés de grès ou de bois brûlaient, l'asphalte fondait, les coins des rues n'échangeaient que des bouffées chaudes et pas le plus léger frisson de brise, eh bien ! je ne trouvais de la fraîcheur que par un effort de mon imagination.

» Lorsque l'air manquait à la maison fermée, que ma plume s'arrêtait dans ma main, engourdie par la chaleur, alors, comme un cycliste s'élance sur sa bicyclette et fend l'air, un mouvement de mon imagination me portait, en janvier, à Pétersbourg ou à Moscou. Je roulais dans une troïka sur la ouate des routes de neige.

» Une poussière glacée soulevée par les pieds des chevaux m'enveloppait ; le ciel était d'un bleu intense, l'air implacablement froid. Je me disais alors :

» — Je vais aux îles de la Néva, à Pétersbourg, ou à la montagne des oiseaux, à Moscou. Les arbres, transformés en lustres éclatants, étalent leurs girandoles de glace, d'où tombent des gouttelettes diamantées.

» Alors je respirais, j'avais la certitude qu'il faisait frais autour de moi. Mon imagination était allée me chercher un contact, qu'elle me rapportait. J'avais développé en moi une force, un mouvement qui avait sa bienfaisance tangible. »

Voilà, je crois, résolu le problème du chauffage à bon marché. Je doute cependant qu'il soit à la portée de chacun, car, ainsi que toutes choses de ce monde, il faut le payer comme on paie le bois ou le charbon de terre ; ce paiement là se fait en une monnaie qui n'est pas moins rare que l'autre, au contraire peut-être, car elle s'appelle l'imagination et la bonne humeur, deux qualités bien françaises... jadis.

XXXI

JEAN AICARD

JÉSUS

Il appartenait à un écrivain comme M. Jean Aicard de nous dire, avec son éloquence, le beau et charmant poème de la naissance, de la vie et de la mort du Christ. Ce livre a pour titre : *Jésus*, et renferme peut-être, sous sa forme simple et châtiée, les meilleures inspirations du poète. Il suit pas à pas l'Évangile et, sans forcer la forme de son vers, sans lui faire subir de cruelles irrégularités, y fait entrer la prose des Evangiles. Ce n'est pourtant pas une simple traduction versifiée du Nouveau Testament, l'imagination y prend sa place, la légende aussi, mais avec la discrétion qui convient à un pareil sujet. Voici, par exemple, un de ces courts chapitres qui divisent le volume, celui-ci a pour titre : « Le Bourreau sur l'échelle : »

Et lorsqu'il fut en croix, un homme, sur l'échelle,
Vint battre encor les clous qui retenaient ses bras,
Et le martyr, sentant que le bourreau chancelle :
« Si tu veux te hâter, frère, tu tomberas !... »
Et le vil mercenaire à qui le mot s'adresse,
Si ce mot ne l'eût pas mis en garde, tombait...
Et c'est le cœur gonflé d'inutile tendresse,
Et pleurant, qu'il frappa sur les clous du gibet.
Alors le Dieu cria, sentant ses mains percées,
Levant ses yeux sanglants vers le grand ciel profond,
Bien plus que de leurs clous souffrant de ses pensées :
« Pardonnons-leur, car ils ne savent ce qu'ils font ! »

Je signalerai encore la belle poésie qui a pour titre : « Judas ». *Jésus* est un livre où puiseront tous ceux qui aiment à lire et à dire de beaux vers et de courts poèmes.

XXXII

AUZIAS-TURENNE

COW-BOY

Sous ce titre : *Cow-Boy*, M. Auzias-Turenne vient de publier un livre contenant des détails très caractéristiques sur la vie américaine de « la Prairie ». En scènes courtes et mouvementées, l'auteur nous a représenté les mœurs étranges, grossières et héroïques aussi, de ces hommes d'aventures qui, à vivre avec les Indiens, semblent avoir associé la sauvagerie civilisée de l'Europe à celle plus brutale du Nord de l'Amérique ; en feuilletant ces pages pleines de récits vivants et colorés, je trouve ce chapitre qui pourrait servir à démontrer que les Indiens d'aujourd'hui ne diffèrent guère de ceux de Chateaubriand et de Cooper.

Je signalerai, entre autres, ce passage : les Yankees ont prélevé une dîme fort dure sur des bœufs destinés aux Peaux-Rouges ; ceux-ci s'assemblent et, las de l'oppression, déclarent que la mesure est comble. La hache de guerre est déterrée, il s'agit de mettre à feu et à sang les Black Hills ; cette révolte est celle du 2 novembre 1882 ; de la lutte très ardente, racontée par un témoin, j'extrais ce passage vraiment saisissant :

« Sur la gauche, à l'extrémité des tentes, fuyait un groupe de *squaws* dans un wagon recouvert de peaux de *buffalos*. Deux d'entre elles serraient sur leur poitrine des bébés dont les yeux noirs s'ouvraient curieusement au bruit de la bataille. Un obus éclata sur la pauvre voiture : les poneys tombèrent, la tête la première, foudroyés ; quatre *squaws* se tordirent sur le sol, déchirées par les éclats, dans l'agonie horrible de la femme blessée à mort ; la cinquième, également précipitée à terre, se releva en étreignant convulsivement son nourrisson, dont la tête fendue ballottait sur ses seins. Le bras droit de la *squaw* avait été tranché net au coude, et le sang de la mère, le sang de l'enfant, tous les deux mêlés, descendaient à torrents le long des misérables haillons...

» A travers l'effrayant tumulte, cris de guerre des braves, déchirement des mitrailleuses, elle se mit à baiser ardemment la petite tête vide d'où la vie fuyait avec la cervelle, et, à chaque baiser, ses lèvres restaient plus rouges du sang qui jaillissait, tandis que son bras gauche serrait le si frêle cadavre, et que le restant mutilé du bras droit s'agitait pour le caresser encore...

» Ce fut rapide comme un éclair, et ce fut trop long encore ; jamais qui l'a vu n'a pu l'oublier. Elle est encore là, cette femme, chaque fois qu'on rêve tout éveillé, sur la plaine brûlée du soleil ; et il y a tant et tant de prière, de souffrance, de désespoir sur sa pauvre figure !... Mais le Grand Esprit eut pitié d'elle, et une dernière décharge la jeta à terre, morte cette fois. La bataille était finie, tous les Sioux avaient fui.

» Pas tous, pourtant : un jeune brave, le Grand-Aigle, se tenait là immobile, contemplant les deux cadavres, son fils, sa femme, vers lesquels il avait couru au dernier moment. Aucune émotion sur sa figure bronzée par la poudre, aucun geste, sous les yeux des réguliers qui le regardaient de loin, plus troublés qu'ils n'auraient voulu. Après une minute, le Siou se baissa vers la terre rouge ; il dégagea le bébé de l'étreinte de sa mère — elle le tenait fortement, jusque dans la mort ; — et il l'emporta vers un monticule dominant la plaine, où se trouvaient deux ou trois *cotton-wood*. Une fois là, il le déposa à terre, lui mit entre les mains sa corne à poudre — une corne de *buffalo* — avec laquelle tant de fois l'enfant avait joué, au *wigwam* ; puis il alluma à ses pieds un feu, pour éclairer le petit esprit dans son voyage au pays des aïeux.

» Cela fait, le Grand-Aigle commença à chanter

doucement ; un vieux routier qui l'observait du milieu de ses camarades s'écria alors :

» — Prenez garde, il va tirer sur nous !

» Il n'avait pas achevé que le Siou, se penchant brusquement vers le sol, avait ramassé sa carabine, une winchester à répétition et, dansant autour du cadavre, commençait à la décharger sur les troupes. Il y eut un moment d'hésitation ; puis, un soldat tomba, avec un juron ; dix ou douze de ses camarades ripostèrent par un feu de file, et le Grand-Aigle, bondissant pour la dernière fois au-dessus du corps de son fils, roula à terre, tandis que son esprit allait rejoindre ceux qu'il aimait aux grandes chasses où les Visages-Pâles ne vont pas. Tout était bien fini cette fois. »

Tous les récits que renferme ce livre ne sont pas aussi dramatiques, mais tous contiennent des renseignements typiques sur ce qui se passe dans ces immenses steppes qui s'appellent : la Prairie.

XXXIII

Y.....

MES DÉGONFLEMENTS

Le livre dont il s'agit n'a pas été publié, mais a été imprimé. Pour des raisons qu'il a expliquées, l'auteur a cru en devoir arrêter la publication. Sa situation, disait-il, le forçait à ne pas signer son œuvre. « Conserver l'anonyme, quand on attaque les gens, écrivit-il, n'entre pas dans mes idées, et j'aime mieux renoncer à mon projet que de ne le réaliser qu'à demi. » L'auteur, néanmoins, me donna l'autorisation de publier un passage de son livre qui ne renfermait aucunes personnalités, mais dont les idées générales et la forme me parurent devoir intéresser mes lecteurs.

A ce livre que l'auteur ne signa que de la lettre Y, il donna ce titre singulier : *Mes Dégonflements*. Il expliquait d'ailleurs, dans une préface, la signification de ce mot : à contenir trop longtemps son indignation en présence de certains abus, certaines injustices, certains préjugés, son cœur éclaterait, et ce livre était comme une soupape de sûreté destinée à en empêcher l'explosion. Dans cet ouvrage d'une forme très personnelle et très originale, je rencontrai des observations qui me parurent commander l'attention et qui, sous une forme fantaisiste, renfermait des opinions fort justes sur la politique, la philosophie, l'art, etc. Témoin les boutades suivantes :

« — Vous parlez des grandes conquêtes du progrès ! ces conquêtes, c'est tout simplement :

» En politique — de nous avoir appris à embrasser le lundi les gens sur qui nous avons craché le dimanche et d'avoir fait une opinion politique du cambriolage ;

» En morale — de nous avoir montré qu'avec le mensonge, l'escroquerie et aussi le vol, on peut arriver à la considération, même au bagne, mais plus rarement au bagne ;

» En philosophie — de préférer toutes les religions, toutes les patries à la sienne ;

» En art — d'avoir proclamé que le laid et le bête avaient aussi bien droit à l'admiration que le beau et le sensé ;

» En science — de s'être efforcé de rendre endémiques, par l'inoculation, des maladies qui n'étaient qu'épidémiques et de nous avoir, sous prétexte d'antiseptiques, donné les deux plus nauséabondes odeurs qui existent au monde : la naphtaline et le phénol ;

En élégance — de nous avoir prouvé, par la bicyclette, qu'il y avait infiniment plus de femmes laides, communes et mal bâties que nous ne pouvions le supposer. »

Plus loin, cette sortie sur les femmes qui posent pour l'archaïsme et enfouissent leurs visages sous des coiffures à la Botticelli :

« On les rencontre partout, toutes pareilles, toutes également maigres, avec les mêmes perruques blondes filasse, la même coupe de vêtements, aussi semblables entre elles que les filles de l'Armée du Salut, s'infligeant la pâleur du lys, la tenue penchante du lys, des yeux cernés jusqu'au menton, oubliant que le lys est une fleur de beauté saine et que sa chair blanche est de la chair et, enfin, qu'il a l'esprit de ne durer qu'une saison ! »

Et cette critique des artistes et littérateurs de notre temps qui imitent les primitifs :

« Je sais bien que les balbutiements de la littérature et de l'art sont aussi intéressants que ceux de toute enfance, mais on ne peut pas les prolonger indéfiniment. Que dirait-on d'un homme de quarante ans qui persisterait à dire : « toutou, » « dada, » en espérant faire croire qu'il est resté jeune ! »

Enfin, cette fantaisiste définition de l'âme humaine :

« L'âme ? mais j'y crois, mais je la sens, elle existe, c'est le moi qui ne vieillira jamais. — Quoi, vous avez la prétention de ne vieillir jamais ? — Entendons-nous ! mon âme, éternellement jeune, a le tort involontaire d'habiter une maison périssable. Mon toit (mon cerveau), mes fondations (mes jambes), mes fenêtres (mes yeux), vieillissent et se dégradent. Mais ce n'est pas une raison, parce que la maison s'écroule, pour que le locataire tombe en ruines ; il déménage, voilà tout ! »

Puis cette page qui mérite vraiment de fixer l'attention des économistes :

« On demande partout de l'argent, c'est le cri du jour, mais en voici et par millions :
» Les sangsues qui nous gouvernent et qui ne cherchent qu'à sucer le sang des contribuables jusqu'à complète anémie, inventent toutes sortes d'impôts et, par peur d'être taxées d'immoralité, n'osent pas prendre un argent qui ne coûterait qu'à ceux qui en ont trop. 1° Supposez que le rachat du service militaire soit taxé à cent mille francs, il se trouvera

toujours des gens pour les payer et, au lieu des exécrables soldats que font le plus souvent nos jeunes millionnaires (Lebaudy, etc., etc.), on aura le moyen d'améliorer le sort, la nourriture, etc., de ceux qui servent dans nos armées. Avec ces cent mille francs (plus ou moins) bien des fois répétés, que de maladies, que de fièvres typhoïdes évitées, que de jeunes et bons soldats sauvés !

» 2° Rétablissons les jeux au Palais-Royal ou ailleurs, et les millions abonderont. Exigez, par exemple, de tout joueur, en entrant dans la maison de jeu (qui, au fond, n'a rien de plus méprisable que la Bourse) le dépôt d'une somme de cent francs qui lui seront rendus à sa sortie. Ne l'admettez qu'en toilette de soirée, habit noir, cravate blanche, et vous n'aurez pas à craindre que de pauvres diables, entrés par hasard, ressortant sans le sou de cette banque, aillent se jeter à la Seine ou s'accrocher aux arbres du bois de Boulogne. »

» Croyez bien que ce seront les plus corrompus qui crieront à l'immoralité, les partis qui ne voudraient pas laisser ce bénéfice au gouvernement actuel. Pourquoi cette attitude timorée, quand l'Allemagne et l'Italie ont leurs loteries ; Monaco, la Belgique, leurs jeux ; nos Casinos, leurs petits chevaux ; les Cercles, leur baccara ; les gens du grand monde et le bas peuple, les courses ; les villes, leurs Bons à lots, etc., etc. ?

« 3° Les Compagnies d'assurances sur la vie, l'incendie, etc., etc., font d'immenses bénéfices dont le surplus est représenté par de grandes et luxueuses constructions d'immeubles, des placements, etc., etc. D'un autre côté, le vol étant à l'ordre du jour, et le cambriolage se multipliant aussi bien à la ville qu'à la campagne, pourquoi l'État ne fonderait-il pas une assurance contre le cambriolage. Double avantage : la police serait mieux faite et les millions pleuvraient de tous les côtés. Pourquoi M. Hervé, du *Soleil*, entendu dans la matière, ne prendrait-il pas l'initiative de cette proposition ?

» 4° Suppression tant demandée déjà des notaires, très chers quand ils sont honnêtes, ruineux quand ils ne le sont pas. De simples employés de l'état civil rempliraient admirablement leur office.

» Que l'on compte ce que représenterait le produit de toutes ces recettes. Mais nos députés, nos économistes, nos ministres des finances et autres ont bien le temps de s'occuper de ces petites choses ! »

J'arrête là mes citations en témoignant le regret de voir que ces lignes soient les seules de ce livre curieux dont l'auteur anonyme ait permis la publication.

XXXIV

ARMAND SILVESTRE

RÉCITS DE BELLE HUMEUR

Il y a un peu de tout, de la poésie et de la gaillardise, du miel et du piment dans ces contes que M. Armand Silvestre fait paraître sous le titre : *Récits de belle humeur*. Et certes, il y en a de la belle humeur dans ces pages écrites d'entrain, faites de réalités grotesques du jour et de souvenirs antiques, exhalant les parfums des lauriers roses de l'Attique et d'autres aussi qui ne les rappellent ni ne les font oublier. Anacréon et Paul de Kock, Lamartine et Rabelais, voilà les dieux auxquels sacrifie tour à tour Armand Silvestre et ceux-ci doivent parfois lui sourire du haut de leur immortelle gloire.

Je ne raconterai par le détail aucun de ces *Récits de belle humeur*, ni les « Vœux inutiles », ni le « Feu d'artifice », ni « Cosmopolis », ni « Superstition », ni « Invention », ni les autres, mais je les signalerai aux amis de la littérature gauloise, ainsi que la « Feuille de vigne » et « le Châtiment ». Chemin faisant, je trouve cette jolie page dans : Le Fabliau de Mi-Carême.

« Charles Monselet, trop vite oublié, a écrit, sur les « petites blanchisseuses », de petits vers tout à fait exquis. Dussé-je révéler une âme bourgeoise, je confesserai ma rancune à l'endroit des jeunes filles de cette corporation, ayant longtemps accepté de ne plus trouver de boutons après mes chemises, mais me résignant mal à ne plus trouver de chemises après mes boutons. Voilà pourtant où la science et l'abus de la chimie ont conduit ces demoiselles. Le battoir, dont le bruit joyeux était la gaîté de la rivière, n'est plus l'emblème professionnel, mais bien l'alambic où se donnent sournoisement rendez-vous tous les produits destructeurs de la lingerie. Adieu la riante image des belles filles en cheveux, penchées sur l'eau qui réflétait leur sourire en un éparpillement de perles, et qui médisaient si gentiment sous l'auvent ensoleillé du lavoir ! Il nous faut maintenant nous représenter ces aimables personnes sous les espèces de pharmaciennes endiablées confectionnant des mixtures corrosives d'où les tissus de toile et de coton sortent à l'état de trous d'une blancheur d'ailleurs immaculée — telles des toiles d'araignées sous le givre matinal. Et je pleure en elles — ce qui est douloureux toujours pour un poète — un symbole disparu. Les « petites blanchisseuses » ne sont plus les délicieuses ouvrières de la propreté publique, mais les auxiliaires perfides des magasins de blanc. Je ne leur en veux pas trop cependant, ayant adopté depuis longtemps cette maxime de Manou, qui, trois mille ans avant notre Michelet, avait dit : « Ne frappez pas, même avec une fleur, une femme chargée de fautes ; partout où la femme est honorée, les divinités sont satisfaites. »

» Et puis, la Mi-Carême est vraiment, pour elles, l'occasion d'une légitime absolution. Elles nous brûlent notre linge toute l'année, c'est entendu. Mais, une fois par an, en ce jour solennel, elles nous donnent le spectacle toujours délicat des déshabillés charmants. »

Une fois lancé sur cette piste de chair fraîche, notre conteur ne s'arrête plus.

Suivent les historiettes de la vie galante. A propos de ceux « qui aiment », Armand Silvestre déclare qu'ils exercent le métier le plus ingrat et le plus dur qu'on puisse imaginer : quel labeur comparable à celui du malheureux qui veut plaire à une rebelle et, jour et nuit, s'évertue à lui prouver qu'elle doit le payer de retour !

« Ne pas l'avoir plutôt quittée qu'on cherche comment on l'abordera, le lendemain, par quelque surprise qui nous vaille un sourire ! Courir comme un fou pour chercher — même au bout du monde — une fleur qu'elle préfère aux autres ! Ecrire fiévreusement des vers qu'elle ne daignera peut-être jamais lire ! L'attendre sous la pluie quand son caprice est de ne venir que longtemps après l'instant promis ! Suivre comme un insensé la voiture où l'on a cru l'apercevoir ! Faire des lieues pour la voir passer seulement de loin ! Et ils appellent ça une sinécure ! Vous vous êtes fait, messeigneurs mes proches, une étrange idée de l'oisiveté ! J'ajouterai que jamais, au grand jamais, moi qui ai connu des bureaucrates, je n'ai vu le fonctionnaire le plus zélé passer des heures, au clair de la lune, devant la fenêtre de la pièce où son rond de cuir, soulagé, ne pense plus à lui ; tandis que nous, amoureux, nous sommes prêts à attendre des nuits entières qu'un bout de rideau se soulève, tout en sachant bien que nous sommes oubliés... sinon trompés. »

Et, pour finir, ce croquis de toréador :

« Le caballero Fépipi Sanchez était un de ces faux toréadors dont nous sommes infectés. Il se disait de l'école de Cordoue et contait qu'il avait mis à mal les plus beaux animaux des pâturages andalous. En réalité, ses plus beaux succès avec les bêtes à cornes avaient été contre les maris. Il ne s'attaquait pas d'ailleurs systématiquement au mariage et gardait une part aux drôlesses. On sait avec quel éclat ces messieurs les toreros pratiquent la chameaumachie depuis leur arrivée dans nos murs. Fépipi Sanchez était un des plus brillants de ces matadors en chambres garnies. Les petits cadeaux ne révoltaient pas d'ailleurs son orgueil ibérique, et il avait, du premier coup d'œil, guigné le superbe œil-de-chat, entouré de rubis, qu'une Anglaise portait à l'annulaire et qu'il entendait bien faire passer à son petit doigt. »

On devine que ces récits ne sont pas faits pour être lus aux demoiselles du couvent des Oiseaux ni à celles de Saint-Denis ou d'Ecouen, mais, malgré leur liberté d'allure, leur grivoiserie, je persiste à les déclarer sans danger, et bien plus acceptables que ces soi-disant études à but moral, qui ne sont que des prétextes à révélation de mœurs étranges et de véritables cours de putréfaction morale à l'usage de tous les âges.

XXXV

FERNAND GREGH

LA MAISON DE L'ENFANCE

Voici un recueil de vers que le succès a accueilli dès son apparition, rare fortune par ce temps qui n'est guère favorable à la poésie. Le livre a pour titre : *La Maison de l'Enfance*, et pour nom d'auteur : Fernand Gregh. On ne rend guère plus compte d'un recueil de poésies que d'un bouquet, de son odeur et de sa couleur ; c'est affaire de goût, d'impression personnels. Quand on a déclaré que le bouquet est exquis de nuance et de parfum, on n'a renseigné personne ; le mieux est de le montrer si on le peut, d'en détacher au moins une fleur. C'est ce que je fais et, dans ce livre rempli de jolies pièces, je prends quelques fragments de celle-ci dont l'harmonie, la placidité peuvent permettre de juger du reste. Elle a pour titre : *le Parc*.

Maison de l'Enfance, au lointain du passé,
Se dresse et me sourit, blanche parmi les arbres,
Et je revois au parc, dès le seuil dépassé,
L'allée où nous rêvions le soir, couple enlacé,
Sous le geste immobile et pâle des grands marbres.

Je revois le jet d'eau bordé de grand iris
Qu'avril faisait rêver en fleurs mauves et graves,
Courbés sur l'onde ; ainsi les rêves de jadis
Se mirent sur mon âme, iris bleus ou purs lis,
Mais y cherchent en vain leurs corolles suaves...

Je revois, dans les houx héros humiliés,
Dieux de jadis gisant plus que morts, oubliés,
Les marbres dont la tête a roulé sur les dalles,
Les nymphes se baissant pour nouer leurs sandales
Que, dès longtemps, le vent a fait choir de leurs pieds.

Et surtout au détour d'une sente,
Émergeant de sa gaine, un vieux Faune
Qui, solitaire, au gré d'une ivresse dansante
Promenait ses doigts vifs sur une flûte absente
Pour charmer les échos lointains dans le bois jaune.

Bien d'autres pièces mériteraient aussi d'être signalées et, parmi celles-là : « le Faune, » « Gloire, » « la Traversée, » « le Silence musicien, » aussi pures de forme et ne trahissant d'autre inquiétude que d'emprunter sa simplicité à la nature qui les inspire.

XXXVI

LÉO CLARETIE

JEAN-JACQUES ROUSSEAU ET SES AMIES

Jean-Jacques Rousseau et ses amies, c'est le titre que M. Léo Claretie a donné à une intéressante étude qui vient de paraître, précédée d'une excellente préface de M. Ernest Legouvé. Celui-ci qualifie très justement les amours de Rousseau « d'amours de tête et de sens » et conclut en constatant que si Rousseau n'est pas aimé, c'est qu'il n'a pas vraiment aimé.

C'est ce qui résulte de la lecture du livre de M. Léo Claretie qui, au fond, ne nous montre pas sous un jour bien sympathique celles qui aimèrent Rousseau, et qu'il a cru aimer. Quelque plaisir qu'on ait à fuir le vilain siècle présent pour se réfugier dans le délicieux xviii°, il faut bien reconnaître que le temps et la distance ont ajouté quelque peu à son charme, à celui de ses héros et de ses héroïnes. La vérité, par exemple, est que la plupart des aimées de Rousseau furent absolument laides ; madame d'Houdetot grêlée, myope et louchant de deux yeux ronds, au front bas, au nez gros, ne passionnerait bien probablement pas aujourd'hui comme alors. Reste, il est vrai, son esprit, constaté par tous ceux qui l'ont connue, par Guizot lui-même, qui put s'asseoir à sa table dans sa première jeunesse. Mais est-ce bien cet esprit-là qui touchait Rousseau quand il courait à elle, poussé par la bestiale sensualité qu'il avoue avec une si étrange ingénuité ? Inutile de parler de madame d'Épinay, dont les portraits nous disent suffisamment le manque de charme, ni de l'horrible Thérèse Levasseur.

Quant à madame de Warens, il nous faut la voir aussi sous un autre jour. Ce n'est plus seulement la « maman », c'est une femme qui, pour être galante, n'en est pas moins une femme d'affaires. M. Claretie nous la montre directrice d'usine, préparatrice de laboratoire, gérante de manufacture ; elle se ruine aux inventions, fabrique des bas de soie, de laine ; elle achète et revend des bijoux, fait faire des fouilles pour trouver du minerai de fer, se mêle à la politique de la Maison de Savoie, nous donne enfin l'impression d'un Beaumarchais femelle qui ne sait comment dépenser sa fiévreuse activité.

Signalons une physionomie intéressante, celle de madame Boy de La Tour, qui fit plus que bien d'autres pour le bonheur et le bien-être de Rousseau, et à qui la postérité n'a fait qu'une trop petite place dans la vie de ce grand philosophe qui ne le fut point. Que de choses évoque ce livre intéressant et qui nous permet de juger Rousseau sur d'autres témoignages que sur le sien propre, sur celui des faits que M. Léo Claretie a réunis avec le plus grand soin et qu'il a empruntés aux correspondances conservées en France et en Suisse.

XXXVII

ABEL LEFRANC

POÉSIES DE LA REINE DE NAVARRE

On croyait posséder toute l'œuvre de Marguerite de Navarre en l' « Heptaméron, » « les Marguerites de la Marguerite des princesses » et en de charmantes poésies et compositions fugitives. Un incroyable hasard vient de faire découvrir par M. Abel Lefranc, secrétaire du Collège de France (le hasard est favorable aux grands chercheurs), un manuscrit contenant *les Dernières poésies de Marguerite de Navarre*; chose étonnante, bien d'autres que M. Abel Lefranc pouvaient faire cette précieuse trouvaille ; depuis trois siècles et demi, ces poésies sommeillaient dans un coffret, et depuis un siècle le manuscrit appartient à la Bibliothèque Nationale, qui l'a acquis avec le fonds Bouhier.

Je n'analyserai pas dans cette trop courte notice

une œuvre de cette importance pour les lettres. Qu'il me suffise de dire que ces poèmes, écrits par Marguerite de Navarre après la mort de son frère, sont empreints d'une pénétrante mélancolie et que, malgré la diversité des sujets traités, on y sent toujours la tristesse d'une âme qui, même lorsqu'elle sourit, ne quitte pas son deuil.

Quoi de plus charmant que ce quatrain dit par « une bergère » dans la comédie jouée au Mont-de-Marsan ?

> J'ayme mieux une violette,
> Par qui me vient le souvenir
> De mon amy, que de tenir
> En mon gyron ung grand trésor.

Mais je m'arrête, ne pouvant tout citer de celle dont Ronsard a dit, quand elle mourut, que nous perdions :

> Tout ce qu'avait notre terre
> D'honneur, de grâce et de beau !

XXXVIII

AURÉLIEN SCHOLL

TABLEAUX VIVANTS

Sous le titre de : *Tableaux vivants*, Aurélien Scholl vient de publier un des livres les plus amusants qu'il ait écrits, ce qui n'est pas peu dire. Une trentaine de nouvelles composent ce volume, qui contient, résumés en une forme claire, avec une verve toujours rajeunie, les sujets de très amusants vaudevilles, de fines comédies et de drames émouvants.

Tout l'esprit de Scholl y apparaît sous les aspects les plus variés ; nul mieux que lui ne sait jeter un grain de poésie dans un récit de jeunesse, de comique, dans une nouvelle à la Paul de Kock ; il en est, de ces dernières, que lui eût enviées Maupassant, par exemple celle qui a pour titre : « L'honneur, qu'est que c'est qu'ça » ? et qui nous montre un beau de village cherchant, sur l'exhortation de son curé, à rendre l'honneur aux jeunesses qu'il a mises à mal. Rien de plus drôle que sa visite à l'une de ses victimes qui est venue faire fortune à Paris sous le nom de Liane de Beaugency et qui, en voyant l'insistance du paysan à vouloir lui rendre l'honneur qu'elle ne regrette pas du tout, l'envoie, en pouffant de rire, dîner à l'office avec son cocher et ses nombreux domestiques ; après quoi il est mis à la porte par la belle fille qui lui crie dans un éclat de rire et pour désarmer sa persistance : — « Mais, imbécile, c'est mon déshonneur qui fait ma fortune ! »

Et la « soirée parisienne » qui nous montre les conditions faites par un monsieur louant une Bodinière pour y donner l'audition de ses poésies et, par traité avec un agent dramatique, réglant sa soirée comme on règle avec l'église pour un mariage et avec les pompes funèbres pour un enterrement. L'impresario, moyennant une somme convenue, s'engage à fournir tant de rangées de gens du monde et de dames décolletées avec diamants en diadème ou en aigrette, des académiciens comptés à part à cinq francs par tête. A côté de ces charmantes fantaisies, qui ne sont pas toutes si fantaisistes qu'elles en ont l'air, un beau plaidoyer : « les Innocents » pour les animaux martyrisés. Et « la soirée dans le monde » très amusante odyssée d'une dame qui, trouvant une invitation adressée par la baronne d'Austerlitz à son mari absent, tombe avec ses filles rue Feydeau dans le plus singulier hôtel qu'on puisse rêver ! J'en passe de gaies, de tristes, mais il n'est pas une de ces nouvelles qui ne mérite d'être lue ; certes, elles ne vaudront pas à son auteur les épithètes de « délicieux », de « glorieux » que les prétentieux habitués de certains petits cénacles se réservent et se décernent très sérieusement, mais elles prouveront que tous nos écrivains ne sont pas tombés en tristesse et en sottise, et que le pays de l'esprit n'est vraiment dédaigné que par ceux à qui il est défendu par la nature d'y mettre pied. Les *Tableaux vivants* sont du Scholl des plus beaux jours.

XXXIX

M. DE FLEURY

CAUSERIES DE BIANCHON

Le succès des *Causeries de Bianchon* est trop notoire pour que j'aie à en rendre compte ; mais ce que je tiens à établir, c'est que ce qui pourrait y paraître paradoxal ou fantaisiste n'est jamais que la constatation de maux ou de remèdes véritables. Dans le chapitre intitulé : « le Jaloux de minuit, » Bianchon raconte la guérison d'un amour passionnel, maladif, par des moyens purement thérapeutiques. Les romanesques pousseront les hauts cris, mais ce n'est là que l'exacte vérité, et je me souviens d'une scène à laquelle j'assistai chez un médecin très positiviste et qui avait résolu de guérir un de ses amis les plus intimes d'une très folle passion. Je ne reproduirai pas toute la scène qui fut des plus curieuses et qui se résume à ceci :

— Voulez-vous guérir ? demanda le docteur. Et

comme l'amoureux ne répondait rien : — Vous ne voulez pas ! tous les mêmes ! vous adorez votre chère petite douleur, vous l'entretenez, vous la choyez, vous la nourrissez ! Mais apprenez donc que l'amour passionnel n'est qu'une verrue, une chose anormale, la marque d'un mauvais fonctionnement du cerveau, du sang, qui vous fausse les objets et vous fait croire et voir ce qui n'existe pas ! C'est une maladie comme les autres, plus bête pourtant, puisqu'elle est le plus souvent volontaire.

— Mais c'est vous qui êtes fou, mon pauvre docteur !

— Jurez-moi de faire pendant un mois ce que je vous prescrirai et je vous guéris comme j'aurais guéri les Des Grieux, Werther, Saint-Prieux, les Adolphe, les René et tout le reste ! Ces gens-là, en suivant mon ordonnance, auraient laissé les noms bien rares d'hommes heureux, au lieu de nous léguer ceux d'amoureux volontairement désespérés, démodés aujourd'hui et descendus à servir de sujets aux pendules en zinc d'art !

— Que faire ?

— Vous allez tout simplement changer vos habitudes, votre nourriture surtout ! Rien que du laitage, des viandes blanches, pas de sauces, de l'eau, des fruits ; tous les deux jours en vous réveillant un verre à bordeaux d'Hunyadi-Janos. Vous prendrez de l'exercice, vous vous lèverez de très bonne heure et vous vous coucherez exténué. Comme tout cela n'est pas possible à Paris, vous irez à X…, où j'ai un pied à terre, en face l'hôtel où vous demeurerez ; en compagnie de ma femme, qui n'est pas jolie, loin de là, je vous en préviens, vous irez faire tous les jours quatre tours de parc. Si vous observez bien toutes mes prescriptions, vous reviendrez guéri dans trente jours, comme cela est déjà arrivé à deux de mes clients ! Le train part à l'heure et vingt-deux minutes, prenez-le, vous n'avez que le temps !

Le malade, chose curieuse, fit tout ce qui lui était prescrit, un peu plus même, car j'appris plus tard que la femme du docteur, laide pour lui, ne le parut pas à notre ami. Je n'insiste pas. La guérison fut complète et est à ajouter à celles que nous signale notre cher docteur Bianchon.

XL

VICOMTE DE BORRELLI

LES DACTYLES

De chaudes poésies patriotiques, de charmants sonnets, d'autres pièces en vers, voilà ce que contient le volume qu'un autre vrai poète, le vicomte de Borrelli, vient de publier, sous ce titre : *Les Dactyles*. J'en détache ce sonnet élégant de forme, autant qu'ingénieux de pensée :

PALLIDA LUNA

Jadis le blond Phœbus aimait Phœbé la blonde ;
Et dans les primes jours de leur antique hymen,
Ensemble on les voyait tourner autour du monde,
Et suivre au ciel un même et radieux chemin.

Et puis le blond Phœbus quitta Phœbé la blonde !
Las de marcher près d'elle et la main dans la main,
Il voulut être seul et jeter à la ronde
Les flammes qui couvaient en son cœur inhumain.

— Et c'est pourquoi Phœbé, dès que le soir décline,
Se lève lentement derrière la colline,
Pâle de la pâleur des mortes et des lys.

Et distillant ses pleurs dans l'herbe, perle à perle,
Regarde, sous le flot empourpré qui déferle,
L'infidèle tomber dans les bras de Thétys !

J'ai tenu à citer ce joli sonnet tout en signalant la belle pièce : « La fonte du Persée, » qui commence le volume.

XLI

ART ROË

RACHETÉ

En parlant de *Racheté*, le beau roman d'Art Roë, une dame, très émue par la lecture de ce livre, nous disait : « Tout y est raconté avec un tel accent de vérité, qu'on a peur que ce soit vrai ! » C'est exactement l'impression que j'ai ressentie en lisant ce récit qui a pour cadre la retraite de Russie. Il faut ajouter, sans rien retirer de son mérite au conteur, que les scènes terrifiantes qu'il met sous nos yeux ont été, pour la plupart, la réalité. Rien ne m'étonnerait d'apprendre que ces pages où passe l'ouragan de la bataille, où se déroulent ces vastes plaines de neige, linceul de la Grande Armée, sont faites de récits recueillis aussi bien en Russie qu'en France. Je ne dis pas que tout soit vrai dans *Racheté*, mais tout ce qui n'y est pas vrai y est certainement vraisemblable.

C'est l'odyssée d'un officier français, envoyé en éclaireur et perdu dans les steppes. Son cheval meurt auprès de lui, et ce n'est que par des efforts surhumains, jetant sur la neige ses napoléons, ses armes, qui le chargent trop, qu'il arrive à rejoindre un détachement. Le froid augmente toujours, on entend les hommes et les chevaux tomber, tout à coup, morts et glacés :

« La nuit, en s'avançant, ramenait le regel. Verdy se réveillait d'heure en heure pour entretenir le feu.

» Vers minuit, il marcha un peu, s'écarta, huma l'air froid qui venait de la steppe. Le ciel n'était qu'ombre et silence ; aux avant-postes, pas un coup de fusil, pas un appel, pas un cri.

» Tout à coup retentit un bruit net et brutal qui semblait plus qu'un bruit, et qui portait en soi comme un sens de ruine et d'effondrement. Un arbre déraciné venait peut-être de se renverser ? Mais non... C'était un être vivant qu'avaient couché ces deux bûcherons sinistres : l'Hiver et la Faim. Verdy, tressaillant, se ressouvint de Beausire versé sur le flanc gauche, écroulé auprès du brasier. Mais déjà un autre corps mort venait à résonner sur la terre meurtrière. Puis d'autres bêtes assommées, hommes ou chevaux, s'abattaient avec un bruit pareil, tandis que la nuit répétait au loin l'onomatopée terrible :

» — Pan... Pan... Pan... »

Plus loin, le héros du livre a sous les yeux le drame dans sa scène la plus atroce et dans son effroyable dénouement. Il voit la fin du passage de la Bérésina : ici, le roman n'est plus que de l'histoire :

» Depuis le village jusqu'à la berge, la plaine semblait un vaste parc peuplé de bétail humain. Rôdeurs, déserteurs, avec leurs femmes, leurs chariots, leurs animaux, toute cette foule se présentant sans ordre au passage et le trouvant défendu avait voulu se retourner, se détourner, se diriger ; mais, heurtée et versée sur elle-même, elle s'était amoncelée d'instant en instant dans une plus irréparable confusion.

. . . .

« Car ils tentaient de s'évader, tous ces prisonniers. Les uns, prétendant au passage direct et pénétrant dans cette tranchée que bordaient des murs de cadavres, osaient forcer les consignes, affronter les sentinelles exaspérées ; d'autres se jetaient tout nus au fleuve, leurs corps roses luttant contre des eaux d'encre ; d'autres encore s'embarquaient sur des trains de glace ; mais ceux qui se débattaient à la nage, éperdus, les chaviraient, et la Bérésina, pleine de leurs soubresauts, grosse de leurs débris, n'était plus qu'une cuve d'enfer où bouillaient tous ces damnés. Accrochés aux chevalets, quelques-uns réussissaient à se hisser sur les tabliers des ponts, qui, par instants, s'enfonçaient et disparaissaient sous l'eau ;

mais la rive droite leur demeurait interdite, car des chevaux sans maîtres stationnaient là et barraient la voie. A demi harnachés, ou traînant encore leurs brancards, ils se serraient les uns les autres en un impénétrable rempart. Chassés ainsi par les hommes et cernés par les bêtes, ces misérables prenaient le parti de mourir ; ils se tuaient à coups de pistolet, ils se perçaient avec leurs armes, ils plongeaient la bouche grande ouverte et les yeux fermés. L'eau fuyait, le temps fuyait, et des existences nouvelles revenaient sombrer à ce gouffre, et d'autres consciences, acculées aux mêmes misères, reproduisaient incessamment ces scènes de violence et de désespoir.

» Tout à coup, la batterie russe, détonant auprès de Verdy avec ce bruit furieux que produit le canon par les temps de neige, lança sur les mourants une nouvelle menace de mort ; et, dans cette foule en agonie, il se trouva encore des voix pour crier, de la vie pour s'épouvanter. Les boulets volaient et labouraient ce champ de chair ; devant eux, les vivants sautaient à l'eau comme des grenouilles effarouchées par le pas d'un promeneur ; les morts jaillissaient en l'air, se disloquaient avec des gestes extravagants, tombaient et pleuvaient sur le fleuve. »

Malgré ces beaux passages descriptifs, l'action du roman se continue et nous montre le héros prisonnier d'un Cosaque qui le vend à de braves gens qui le prennent pour le soigner et le guérir. Le résultat de son séjour chez eux est son mariage avec une jeune fille russe, charmante figure qui vient faire oublier les scènes d'horreur de la première partie du livre. *Racheté* est pour nous un des meilleurs romans d'Art Roë.

XLII

LÉON DAUDET

LE VOYAGE DE SHAKESPEARE

Comme les précédents ouvrages de M. Léon A. Daudet, le dernier paru : *Le Voyage de Shakespeare*, sous-titré : « roman d'histoire et d'aventures, » est riche d'une incroyable abondance de sève de jeunesse, de recherches psychologiques, physiologiques, d'un monde d'idées qui, comme des prisonnières, se précipitent ardentes et tumultueuses, s'étouffant plus ou moins, vers l'issue ouverte; celles qui s'échappent, par exemple, les plus fortes, sont vraiment dignes de leur liberté et c'est plaisir de voir comme elles en usent, courant à tout, regardant, étudiant avidement chaque chose nouvelle pour elles, se heurtant, jouant des coudes pour se faire place, dire bien vite ce qu'elles ont à dire, disparaître d'ici pour reparaître là-bas.

Qu'on ne croie pas cependant trouver le chaos dans ce livre où tout est, au contraire, très logiquement ordonné, où chaque mot a sa signification, dont chaque épisode a son commencement, son milieu et sa fin ; c'est un beau désordre parce qu'il est admirablement réglé, et doit nous donner idée du tumulte des pensées qu'entassait Shakespeare jeune dans son cerveau, provisions pour l'avenir, ensemencement merveilleux que devait faire bientôt germer son génie. M. Léon Daudet nous montre Shakespeare rencontrant dans sa vie qui commence les types des personnages qui devront vivre dans son théâtre ; dans les amours et la mort d'une fille d'auberge il trouve les éléments qui lui serviront à engendrer son Ophélie, comme il devine son Falstaff dans le patron d'une barque ; aussi est-ce avec curiosité qu'on cherche à deviner dans un personnage embryonnaire le futur héros ou la future héroïne d'une grande œuvre ; d'abord confus, ils finissent par se dégager plus nettement, comme ces étoiles qu'on ne voit pas tout d'abord et qui se multiplient dans le ciel quand on le regarde fixement ; celle qu'on vient d'apercevoir vous en fait découvrir une autre, puis des milliers. Pour peu qu'on veuille ainsi fouiller du regard dans ces pages serrées, on y verra aussi poindre toutes les lumineuses figures qui passent dans la grande création de Shakespeare.

Tel est le grand attrait de ce livre vraiment intéressant aussi bien au point de vue de la curiosité que doit inspirer un roman, qu'au point de vue purement littéraire.

Le semblant de reproche que l'on pourrait faire à l'auteur c'est de nous montrer un Shakespeare se posant un peu théâtralement en observateur, pour prendre les notes qu'il devra utiliser plus tard, regardant, écoutant toutes choses en homme qui se rend compte de ce qu'il fait. Pour moi je ne crois que difficilement aux carnets de l'homme de génie ; certes, il observe, mais son observation est inconsciente ; les choses qu'il voit, qu'il entend, qu'il comprend, entrent dans ses yeux, ses oreilles ou son esprit sans qu'il s'en rende plus compte que l'enfant qui, sans écouter, retient ce qu'il a entendu. Je me rappelle avoir vu jadis une lithographie ridicule montrant « Molière étudiant l'humanité chez un perruquier de Pézenas ». Molière était là représenté, se cachant dans un coin de la boutique et prenant avec beaucoup de soin des notes sur un portefeuille. Celui qui devait nous donner *le Misanthrope* n'avait pas de notes à prendre et, s'il en prenait, elles devaient lui devenir inutiles quand le moment de produire le chef-d'œuvre était venu. Il écrivait, et les faits de la vie coulaient, ce me semble, avec l'encre de sa plume, s'alignant comme d'eux-mêmes, et se traduisant pour lui en ce qu'on appelle des trouvailles et qui n'est le plus souvent autre chose que la transmission d'une empreinte reçue par le cerveau inconscient.

Est-ce à dire que tout effort d'observation soit

inutile ; je n'irai pas si loin ; je crois même que tous les écrivains recueillent ou doivent recueillir des notes, mais je crois aussi qu'ils se divisent en deux catégories : ceux qui en prennent et qui s'en servent, ceux qui en prennent et qui ne s'en servent pas ; les premiers nous donnent les œuvres documentaires, les renseignements, les détails, ils fournissent des matériaux tels quels ; les seconds ont absorbé dans leur être tout ce qui devait leur servir, comme nous respirons l'air sans le voir ni le vouloir, et quand est venue l'heure de la production, sans recourir à leurs calepins, même à leur mémoire, ils ont écrit ce qu'ils avaient vu et entendu, mais après l'avoir digéré, se l'être approprié ; les premiers peuvent prétendre au talent, le génie n'appartient qu'aux seconds.

Peut-être bien le Shakespeare de M. Léon Daudet n'a-t-il pas tout à fait autant que je le dis l'attitude d'un preneur de notes ; je sens même que je l'exagère, mais je plaide contre d'autres que lui et je n'en maintiens pas moins ce que je viens d'écrire, au point de vue général.

XLIII

EUGÈNE GUILLAUME

NOTICES ET DISCOURS

M. Eugène Guillaume, directeur de l'Académie de France, à Rome, n'est pas, on le sait depuis longtemps, seulement un de nos plus éminents statuaires, mais de plus un écrivain distingué, un orateur qui a obtenu de beaux succès comme professeur d'esthétique et d'histoire de l'art au Collège de France. Aussi est-ce avec grand plaisir que nous enregistrons le volume où sont recueillis plusieurs de ses *Notices et Discours*, sur Charles Blanc, Paul Baudry, Jean Alaux et A. Barye. Ce sont là des œuvres de maître, de belles leçons d'art données avec autant de savoir que de tact et d'impartialité. Nul mieux que lui, par son érudition et son talent, n'était autorisé à parler de l'œuvre des grands artistes qu'il a étudiés, associant presque sa vie à la leur, nul mieux que lui non plus ne pouvait défendre cette école de Rome où il est entré comme élève et qu'il administre si heureusement aujourd'hui comme directeur. Dans un de ses discours prononcé à l'occasion du départ de jeunes artistes pour le palais Médicis, je trouve ces pages utiles à méditer pour ceux qui veulent être renseignés sur le rôle de l'Ecole à Rome et sur le genre d'influence qu'elle exerce sur l'esprit des lauréats qui y sont envoyés :

« ...Être soi-même, voilà certainement l'idée dont chacun de vous est occupé ; et rien n'est plus juste. Mais laissez-moi vous le dire : le problème n'est pas d'être soi-même, mais bien de le rester. Dans les arts, il ne faut pas se chercher au dehors, mais se garder la fidélité. Vivre avec sa pensée, n'en rien laisser sortir qui ne soit conforme à une certaine idée que l'on ait en propre, c'est pour nous une règle de vie, c'est un devoir. Le point essentiel est toujours de savoir si ce que l'on peint, si ce que l'on sculpte, si ce que l'on chante est l'exacte expression de ce qu'il y a de plus profond dans le sentiment ; si l'on ne sacrifie rien de cette vision, invisible à tout autre, que l'on porte en soi ; si on ne lui donne pas une forme mensongère, si l'on ne se trahit pas. Cas de conscience perpétuel, dirai-je, travail d'honneur que l'artiste doit faire sur lui-même, et qui, dans l'élaboration mystérieuse de son œuvre, est le seul dont il ait le secret.

» Vous allez passer quelques années en Italie. Tout a été dit sur ce séjour, sur l'influence de ce ciel, de cette terre où, si vous êtes attentifs, pas un instant ne sera perdu pour l'art, ni de vos heures de travail, ni de vos heures de loisir. Là, en effet, plus qu'ailleurs, et en vertu de nos affinités latines, il se produit à chaque instant quelqu'un de ces faits et quelqu'une de ces impressions qui sont comme un signal pour la pensée. Croyez-le : ceux qui ont fondé l'Académie de France à Rome ont voulu donner aux artistes l'occasion de perfectionner leurs goûts ; mais ils ont surtout prétendu les mettre à même de tirer tout le parti possible de leur génie.

. . . .

» Nous ne l'ignorons pas : les conditions de l'art sont changées. Nous ne sommes plus au grand siècle où l'on cherchait dans toutes les productions du génie cette fermeté et cette sobriété de caractère qui étaient l'expression de la raison parfaite. Nous avons besoin de mouvement, de nouveauté, et même de qualités voyantes. Nous aimons à découvrir l'artiste dans son œuvre ; nous le préférons à son sujet ; et s'il relève véritablement de lui-même, s'il est original, nous lui pardonnons beaucoup.

» Je reconnais la vérité de ce point de vue, je l'accepte et je vous dis : Quel lieu est mieux fait que la villa Médicis pour servir au développement de l'originalité ? Rendez-vous compte, messieurs, de l'existence qui vous y est ménagée. Sachez comprendre le bienfait de la demi-solitude qui en est la loi. Il faut l'embrasser comme le moyen le plus sûr de vous tenir à l'écart des systèmes, de vous affranchir des préjugés, même de ceux que nous aurions donnés. Je ne sais si je me trompe, mais il me semble que les grandes éducations d'artistes, comme d'écrivains, ne sont pas faites par l'étude des contemporains. Mais ce que je puis vous répéter, c'est de ne pas venir demander à nos modes un mot d'ordre et des recettes d'originalité ; c'est de n'aliéner jamais en vous la plus précieuse des possessions, la propriété de votre pensée. »

Comme il est aisé de le voir, il y a loin de ces conseils qui laissent l'artiste maître de ses tendances, à la discipline soi-disant infligée aux pensionnaires de Rome ; loin d'imposer un joug à l'élève, elle lui apprend à savoir user de sa liberté, loin de paralyser son génie, s'il en a, elle en favorise l'expansion et lui apprend à se servir de toutes ses forces en l'enrichissant de l'expérience des maîtres. Il est vrai qu'il est de mode de tonner contre l'enseignement académique, mais il est plus aisé de tonner que de trouver et de donner de bonnes raisons, et ces virulentes protestations cachent plus souvent le désir d'écrire un article à effet que le véritable désir de voir progresser l'art. Je m'arrête sur ce point délicat, renvoyant les hommes de bonne foi, et les autres s'ils y veulent aller, à ouvrage de M. Eugène Guillaume.

XLIV

G. D'ANNUNZIO

LE TRIOMPHE DE LA MORT

Dans ces études dont le but est de signaler aux lecteurs les œuvres de valeur françaises ou étrangères et non d'enregistrer les querelles littéraires, je ne discuterai pas sur l'accusation de plagiat portée contre M. G. d'Annunzio, le grand romancier italien, par ses confrères d'en deçà et d'au delà des monts. L'auteur de *l'Intrus* aurait, paraît-il, « emprunté de force » certains passages aux œuvres de M. Peladan. Tout en constatant que l'on a pris depuis quelque temps l'habitude de crier un peu trop facilement : « Au voleur », il est incroyable, certes, que de pareils faits puissent se produire dans le monde des lettres ; j'ajouterai pourtant que si ce délit, dont M. d'Annunzio n'a pas la primeur, a été commis, c'est tant pis pour M. d'Annunzio et tant mieux pour M. Peladan ; le tort causé à ce dernier n'équivaut pas, dans la circonstance, à cette certification de l'intérêt de ses œuvres auxquelles elle donne une véritable plus-value.

Quoi qu'il en soit, cette accusation m'avait d'abord impressionné à ce point que, feuilletant le *Triomphe de la mort*, de M. G. d'Annunzio, dans la traduction de M. G. Hérelle, je ne pus m'empêcher de faire un soubresaut en y trouvant, je ne dirai pas textuellement, mais bien approchant, la belle description de l'arrivée des malades de Lourdes et de leurs processions si merveilleusement décrites par Zola. Heureusement, le hasard me fit aussi rencontrer au bas d'une page cette petite note : « Il peut être utile de rappeler ici que la publication du » *Triomphe de la mort* a commencé dans le *Mat-* » *tino*, de Naples, le 12 février 1893, tandis que la » publication de *Lourdes* n'a commencé dans le *Gil* » *Blas* que le 15 avril 1894. » Sans examiner le cas particulier de l'emprunt fait à M. Peladan, voilà, je crois, M. d'Annunzio lavé de celui qu'on pourrait lui imputer à propos de la ressemblance qui existe entre sa description et celle de Zola.

Mais revenons au *Triomphe de la Mort*, un roman d'analyse très — je devrais dire trop — développé et qui n'est au fond que l'étude d'un homme déséquilibré presque volontairement, d'un individu qui se détraque le cerveau avec art, et devient, sans autre raison qu'une sorte d'atavisme (que ne met-on aujourd'hui au compte de l'atavisme ?), un monomane de suicide. Voilà un garçon qui possède la maîtresse la plus belle, la plus aimante qu'on puisse rêver, qui passe avec elle les journées (et j'ajouterai les nuits qui, dans ce roman, jouent un grand rôle) les plus délicieuses, et qui, sans raison, encourage dans son son cerveau non seulement l'idée de se tuer, mais celle de tuer aussi cette pauvre femme ! Et que n'invente-t-il pas pour se rendre odieuse la vie que la Providence lui a faite si belle ? Il entasse raisonnements psychologiques sur rêvasseries incohérentes, parle de l'Au-delà à l'infortunée, et se met à lui raconter le poème et la musique de *Tristan et Yseult* ! Rien n'y fait, la femme exquise, au lieu de le prendre en horreur, aime toujours ce détraqué qui se rend malheureux à souhait, et n'est heureux que quand il est malheureux ! Comme il n'est sottise née dans ces cerveaux d'hommes femmelettes qui ne prenne corps à la fin, ce misérable finit par exécuter son projet, et se précipite dans un gouffre avec sa maîtresse qu'il assassine réellement.

Voilà, en bloc, le résumé de ce livre d'un analyste impitoyable et qui puise ses plus grands effets dans les tourments enfiévrés de cerveaux maladifs. Le roman de M. G. d'Annunzio appartient à un genre qui, heureusement, touche à sa fin, car la tristesse et le désespoir ne sont pas tout ce qu'on rencontre dans ce bas monde ; cette désespérance sans cause est un mal, je dirai une attitude de la jeunesse d'aujourd'hui qui sera, je l'espère, bientôt celle d'hier. A ce propos, je citerai ce mot bien caractéristique de Sardou. Comme on sortait de dîner entre vieux amis et que la soirée s'était passée charmante et gaie : — Pourquoi avons-nous tant ri que cela ce soir ? lui demanda un des convives. — C'est tout simplement parce qu'il n'y avait pas de « jeunes » ! répondit Sardou.

Toutes ces critiques faites sur le livre de M. G. d'Annunzio, j'ajouterai qu'il est écrit avec beaucoup de talent et renferme des pages exquises, des tableaux pleins de vie et de charme, et ce sentiment poétique qui ne l'abandonne jamais.

XLV

ABEL HERMANT

LE SCEPTRE

C'est bien de la même plume qui a tracé les curieuses scènes de « La Carrière » que M. Abel Hermant vient d'écrire *le Sceptre*. Je ne sais rien de plus amusant dans la fantaisie que les deux chapitres qui commencent le volume. Je devrais faire suivre ce mot fantaisie de ces trois autres : « sous toutes réserves », si j'en croyais ceux qui veulent voir dans ce roman, cette odyssée qui sent l'opérette, un roman à clé, et qui tiennent à substituer de véritables noms à ceux que l'auteur a donnés à ses augustes personnages. Car il s'agit, dans ce livre, d'un empereur, d'une impératrice, d'archiducs, de princesses, de toute une Cour dont les éléments se retrouveraient, éparpillés il est vrai, dans presque toutes les Cours de l'Europe. Je n'insisterai pas sur ce point très délicat, bien que reconnaissant que les Altesses d'aujourd'hui ne sont pas toutes dignes des majuscules respectueuses qui précèdent leurs titres dans l'almanach de Gotha.

C'est là le grand tort qu'elles se font, et ce n'est guère le moyen de retenir ou de rappeler le respect qui s'éloigne de leurs personnes que le laisser-aller qu'elles laissent paraître un peu trop dédaigneusement dans leur vie publique. Il me semble que celui qui a le malheur d'être prince au xix° siècle devrait se croire tenu à ne pas trop afficher une maîtresse, à ne pas boire avec exagération le vin de Champagne, fût-il de la meilleure marque, à ne pas trop se familiariser avec les usuriers, fussent-ils des plus hautes banques, à ne pas trahir ses incognitos de voyage par de retentissantes fredaines, à ne pas... mais je m'arrête, car on pourrait chercher dans ces énumérations des allusions qui sont bien loin de ma pensée ; selon moi, grands et petits méritent l'indulgence, mais peut-être vaudrait-il mieux, comme l'archiduc de M. Abel Hermant, se faire passer pour mort, et faussement décédé, se livrer aux ébats qui rendent difficile le port, en parfait équilibre, d'une couronne sur la tête, d'un manteau d'hermine sur les épaules et d'un sceptre symbolique dans la main, que de compromettre aussi légèrement le prestige royal. Reste à déterminer la conduite à tenir pour les princes prétendants ; ces infortunés me paraissent encore plus obligés à la perfection que les autres ; qu'ils travaillent, étudient, vivent pour apprendre la vie et, sans se préoccuper ni des socialistes, ni des anarchistes qui ne sont plus guère que des moyens d'élections, se tournent du côté des pauvres, des déshérités, et cherchent le moyen d'en faire des heureux. Quand ils l'auront trouvé, il leur sera loisible d'oublier leurs majestés et de faire convenablement la fête.

Quant au *Sceptre* de M. Abel Hermant, il constitue, en même temps qu'une lecture fort amusante pour nous autres bourgeois, une lecture profitable au peu qui reste de grands de la terre.

XLVI

JULES BOIS

LA DOULEUR D'AIMER

Le fantastique inventé par Hoffmann, singulièrement accru par Edgard Poë, subit encore aujourd'hui des transformations ; ce n'est plus à l'extérieur qu'il emprunte ses éléments, mais au moi intime qu'il demande ses impressions, poussant à l'extrême l'étude de ses phénomènes pyschiques, de ses détraquements d'intelligence et de vision. La lecture du dernier livre de M. Jules Bois : *La Douleur d'aimer*, en dira plus que je ne saurais le faire à cet égard. Il faut que la raison soit bien sûre d'elle-même pour se risquer aux excursions que l'auteur lui fait faire, que le voyageur soit bien sûr de la fermeté de son pied, pour se risquer au bord des abîmes qu'il lui fait côtoyer, lui dévoilant, comme Virgile montrait les damnés à Dante, les horreurs des cerveaux troublés ; en lisant ce livre, quel esprit de lecteur ne flottera pour classer ses héros entre les terrifiants clients de Charcot ou ceux de la Cour d'assises? une bien mince cloison les sépare et l'on ne sait plus, parfois, si c'est au bistouri du chirurgien ou au couteau de la guillotine qu'il faut demander de trancher ou de retrancher.

La préface, très originale d'allure, l'entrée en matière donnera idée du mouvement du livre et de la fantaisie aisée qui y règne :

« A l'heure où tous les poètes sont ivres, c'est-à-dire inspirés — après trois heures du matin, toutes les brasseries étant closes, Amphatisias le Magnanime, dont le génie n'est inconnu que du public, rencontra dans une rue escarpée de Montmartre un grand fantôme haillonneux qui l'arrêta.

» Amphatisias, ami d'anarchistes, se garda d'avoir peur, car il ne pouvait partager les sentiments communs aux autres hommes : il croisa ses maigres bras sur son osseuse poitrine et dit au mendiant :

» — Je m'en doute, monsieur, vous êtes un de ces pauvres pour qui il est d'usage de s'attendrir. La nuit aux bises mortelles secoue votre manteau, qui n'est plus, trous, pièces et reprises, qu'une chose innommable à travers laquelle on aperçoit la lamentation de votre corps. Vous marchez sur ces glacis et sur cette neige avec des semelles transparentes qui laissent la plante de vos pieds communier avec le trottoir. Votre chapeau est un poème symboliste avec des aspérités et des creux, hyperboles ou réticences — et les rebords m'apparaissent deux rimes insuffisantes, savoureuses d'imprévu... Votre barbe est pareille à celle des fleuves sur les monuments ; mais, à coup sûr, ses ondes furent ravagées par des tempêtes, car elle a oublié le peigne, d'accord avec vos cheveux, si longs et si rebroussés qu'on dirait les crins d'une classique furie. Vous me réjouissez beaucoup, monsieur, puisque j'aime le pittoresque, et je vous plains, n'étant guère plus favorisé que vous. Mais je ne puis vous secourir. Mon pardessus, ironique et d'été, me vient d'un protecteur à moi, juge d'instruction, qui a des faiblesses pour la bohème ; et je grelotte... Le truc ingénieux de saint Martin, qui divisa pour un de vos camarades du temps passé son vêtement, me perdrait mais ne vous sauverait pas... Laissez-moi donc, sans plus de résistance, regagner, sous les toits, ma bien-aimée, qui, pour économiser le feu et n'ayant pas nos louables habitudes de noctambule, s'est déjà mise au lit...

» — Je n'ai pas besoin de votre manteau, répliqua le mendiant. Cependant j'ai bien froid.

» — Alors, continua Amphatisias, c'est que vous espérez de ma part quelque verre de vin chaud ou une miche de pain. Je ne puis vous servir, monsieur, de telles denrées somptueuses. Je ne bois que lorsque l'on m'offre et je ne mange que lorsque l'on m'a invité. J'ai renoncé même à décider de nouveau au crédit les troquets compatissants qui, pendant plusieurs années, m'abritèrent pour mes beaux yeux et mes chansons encore plus belles. J'ai renoncé à vivre par moi-même, et je crois tellement en la Providence que je me confie en quelques amis plus riches que moi. Le parasitisme me paraît la plus noble situation d'un homme libre. Que n'en faites-vous autant ?... mais pas avec moi, les parasites ne mangeant pas entre eux. »

La préface continue sur ce ton et offre des pages qu'il faut remarquer ; puis commence et se développe le livre qui nous conduit des radieuses clartés de l'idylle aux ténèbres du crime maladif, inavouable, de cauchemars véritables dont l'esprit a peine à chasser les vapeurs ; comme Dante que je rappelais tout à l'heure, on se dit en respirant l'air libre, en quittant ces enfers : « Et de là nous sortîmes pour revoir les étoiles ! »

XLVII

EDMOND DESCHAUMES

LA BANQUEROUTE DE L'AMOUR

Dans la *Banqueroute de l'Amour*, M. Edmond Deschaumes traite surtout de la dépopulation de la France. Très nettement il attribue à la pauvreté, la gêne, l'inquiétude de l'avenir, la réduction du chiffre des naissances qui émeut si fort nos parlementaires, sans les distraire cependant du soin qu'ils prennent d'écraser le pays sous de nouveaux impôts. Pour lui, cette diminution des naissances est volontaire. C'est là le grand point à discuter, je crois, car alors, l'inquiétude frappant naturellement plus ceux qui ne possèdent pas que ceux qui possèdent, ces derniers devraient-ils avoir plus d'enfants que les premiers, et c'est justement le contraire qui arrive. Le bourgeois, si abhorré, et qui n'est que le pauvre ou le descendant de pauvre enrichi, paraît infiniment moins prolifique que l'indigent qui, malgré ses inquiétudes, donne le jour à des demi-douzaines d'enfants ; il suffit d'avoir visité les recoins des faubourgs, des communes les plus pauvres, pour être frappé de cette disproportion. Je n'entreprendrai pas dans les quelques lignes que je puis consacrer à cet ouvrage qui intéresse tous les légistes et les économistes, de discuter les opinions de M. Deschaumes, je ne puis qu'appeler l'attention sur elles, car elles le méritent à tous les points de vue.

A ces objections, M. Deschaumes a répondu par une lettre qui me paraît compléter sa pensée et dont je crois intéressant de faire connaître une partie à mes lecteurs.

« ... Vous avez parfaitement raison dans votre critique, mais laissez-moi vous dire que je n'ai pas tort non plus.

» Vous m'opposez que le bourgeois est moins prolifique que l'ouvrier, ce qui est parfaitement exact. Cela tient, pour moi, à cette raison que l'ouvrier est moins inquiet, moins grevé de charges et moins prévoyant aussi que le bourgeois.

» Je reconnais qu'il y a beaucoup de familles très nombreuses dans le peuple, mais le nombre des célibataires y grossit fort appréciablement.

» Je crois donc être dans le vrai en disant que les difficultés énormes de l'existence — du pain quotidien — et la désagrégation de la famille par le code

Napoléon (c'était l'avis de M. Le Play et de Balzac) sont les causes puissantes, primordiales, de l'abaissement des natalités en France.

» Ce que j'ai cherché à démontrer, ce que j'ai voulu faire entrer dans l'esprit des masses, c'est qu'il y a là tout un monde de faits connexes, caractéristiques, qui marquent un état de crise très inquiétant, sinon dangereux.

» Je crois que j'aurai à revenir sur bien des questions que je n'ai pu que toucher légèrement et j'espère alors que nous nous trouverons encore en bonne entente sur bien des points, car je sais que vous donnez beaucoup d'attention à tous les ouvrages d'intérê social et patriotique.

» Je vous prie d'agréer, etc.

» E. DESCHAUMES. »

Comme je ne sais rien de plus équitable que de laisser à un auteur le droit de répondre à une critique, je m'empresse de reproduire la lettre de M. Edmond Deschaumes.

A propos de la critique de ses droits et aussi de ses devoirs dont il est beaucoup parlé aujourd'hui, qu'il me soit permis de répondre par ces quelques lignes à une assez juste protestation contre les intempérances de langage de quelques écrivains qui croient devoir s'ériger en juges sévères de leurs confrères :

Le critique insolent, grossier, se fait plus que rare aujourd hui parmi ceux qui ont un véritable talent ;

quelques mécontents, ou de n'en avoir pas, ou de croire qu'on le méconnaît, tentent, il est vrai, d'attirer l'attention par des éclats de paroles dont l'indifférence a bientôt fait justice ; laissons-leur, comme disait Musset, cette sorte d'intrépidité qui ne doute de rien et qui n'est que trop facile : le courage des gens mal élevés. Pour moi, j'estime qu'il faut, quand on se croit le droit de critiquer un producteur, littérateur, artiste ou autre, lui parler aussi poliment dans un journal que si on lui parlait à lui seul, ne pas changer sa voix, n'en pas hausser le ton parce qu'on se sent une galerie, cela sous peine de n'être qu'un acteur qui ne fait que jouer un rôle.

Alexandre Dumas fils disait à ce propos : « La politesse n'exclut pas la vérité, elle lui donne le moyen de circuler plus facilement, voilà tout, et elle lui constitue par-dessus le marché une autorité durable que la violence n'a jamais eue. Mon goût pour ce genre de critique, qui rend d'ailleurs celle-ci moins aisée que ne l'affirme un vers célèbre, faussement attribué à Boileau, va jusqu'à me faire trouver excellente la coutume des juges anglais, s'excusant auprès des prévenus déclarés coupables de la nécessité où ils sont de les faire pendre, mais les faisant pendre tout de même. Aussi n'ai-je jamais compris la colère fulminante de certains critiques contre certaines œuvres qu'ils accusaient du vice le plus fréquent chez l'homme : la médiocrité. La médiocrité mérite-t-elle tant d'indignation ? Ces gens-là n'ont donc jamais été trahis par leur maîtresse, leur femme, leurs amis ou leurs enfants, qu'ils ont tant de bile en réserve contre leurs confrères, puisque passent pour confrères tous ceux qui se servent du même outil. En général, ces critiques intolérants se recrutent parmi ceux qui ont essayé de produire comme ceux qu'ils attaquent, et qui n'ont pas pu y arriver. »

En relisant ces lignes, je cherche comment je pourrais les compléter, mais je les trouve si éloquentes, si justes, que je me garderais bien d'y ajouter un mot.

XLVIII

HENRY RABUSSON

VAINE RENCONTRE

C'est une étude de sentiments intimes présentée sans l'attirail accoutumé d'incidents romanesques ou dramatiques, que le livre que M. Henry Rabusson vient de publier sous ce titre : *Vaine rencontre*. Un homme du monde, marié à une femme insignifiante, sorte de poupée qui doit passer sa vie à « s'émailler » et à s'attifer, sans cependant penser à mal, peut-être parce qu'elle n'en sait pas trouver le temps, se rencontre dans un bal avec une charmante jeune fille et, malgré les quarante ans qui le menacent, en devient profondément épris. De son côté, la jeune fille, qui d'abord ignorait qu'il fût marié, sent qu'elle a trouvé en lui le complément de son être, et livre sans scrupule son cœur à un sentiment qu'elle ne saurait d'ailleurs maîtriser.

Il n'y aurait qu'une issue à l'impasse dans laquelle tous deux se sont engagés, sans cependant que leur amour fût devenu coupable, le divorce. C'est ici que s'accentue la faiblesse, l'indécision de l'homme à qui elle est obligée de dire, en présence d'un mariage qu'on va lui infliger et qu'elle accepterait, non sans arrière-pensée : « Il faut cependant que vous sachiez ou m'attendre... ou m'enlever... ou renoncer à moi. » On ne saurait être plus logique. Mais la logique n'a rien à voir dans les choses de l'amour, et notre malheureux héros, sans avoir le mérite de la spontanéité, se décide tardivement, trop tardivement peut-être, bien que l'honneur de la jeune fille soit par bonheur sorti tout juste sauf de la bagarre, à renoncer. Il fait d'ailleurs très généreusement ce renoncement et met lui-même, non sans souffrir, la main de la jeune fille dans celle de son rival. « Lily d'Ignicourt, dit-il dans le mémoire qu'il laisse de cette dernière aventure de son cœur, est devenue l'irréprochable épouse de M. d'Ambleville. Elle est parfaitement honnête. Est-elle parfaitement heureuse ? Mon orgueil ou ma vanité d'homme s'obstine parfois à mettre en doute une sérénité d'âme que ma tendresse épurée s'efforce de souhaiter complète : l'amour-propre est encore plus lent à mourir que l'égoïsme. »

Tel est le résumé de ce roman intéressant, très délicat de sentiment, présenté sous une forme pure et correcte, élégante sans préciosité.

XLIX

MARC LEGRAND

L'AME ANTIQUE

On aura beau, en France, partir en guerre, de temps à autre, contre le grec et le latin, on ne fera pas que les amis des lettres, les artistes, les poètes ne trouvent un charme indéniable à s'entretenir, par les livres, en des langues merveilleuses parlées un siècle ou dix siècles avant Jésus-Christ, avec Horace, Virgile, Plaute, Théocrite, Anacréon, Aristophane ou Homère. Cette remontée, qui rouvre dans le passé de si profonds horizons à la curiosité de ceux qui ne se peuvent contenter du présent, n'est pas moins suggestive, moins profitable à la science et aux arts que l'ardeur que l'esprit humain met à vouloir percer les voiles de l'avenir. Je sais bien que je fais là l'éloge de chefs-d'œuvre surannés, mais il ne faut pas rejeter tout ce qui est ancien, et le soleil lui-même, qui peut manquer de jeunesse, n'en éclaire et n'en réchauffe pas moins notre planète, sa frileuse cadette.

Ne nous étonnons donc pas nous, fils de ces Latins qui devaient quelque reconnaissance aux Grecs, du plaisir que nous éprouvons parfois à respirer les bouffées d'air qui ont passé sur l'Attique et qui nous en apportent de lointains parfums, et remercions ceux qui nous font revivre dans cette antiquité, source éternelle de beauté et de jeunesse. C'est aussi l'opinion d'un poète érudit, de M. Marc Legrand dont je viens de lire un volume intitulé : *l'Ame antique*. Je signalerai d'abord dans ce livre d'élégantes et fidèles traductions, des imitations de poésies grecques d'Homère, Aristophane, Anacréon, Méléagre, de l'anthologie, d'épigrammes funéraires, descriptives et comiques ; dans la poésie latine, de Lucrèce, Virgile, Horace, Plaute, Martial, etc. Mais j'insisterai sur la partie moderne, la première du livre, où je trouve des pièces exquises de forme et qu'eût pu signer A. Chénier, telles que *Paternité*, *Panique*, *le Bouclier*, *l'Armure*, et *Psyllis*, petite pièce inspirée par le chef-d'œuvre de Frémiet, le *Faune aux oursons* et le *Treizième Travail*, véritable morceau d'anthologie.

L

EDMOND THIAUDIÈRE

UN COLLOQUE DE ROIS

Un peu de politique — une fois n'est pas coutume ; — en une mince plaquette, intitulée : *Un Colloque de Rois*, M. Edmond Thiaudière nous donne, en indiscret reporter, la sténographie d'un colloque de Rois sur l'union européenne, tenu secrètement au château de Windsor. Les assistants ne sont autres que la reine Victoria, les empereurs François-Joseph, Guillaume II, Nicolas II et le roi Humbert ; compagnie choisie s'il en fut. Chacun d'eux exprime son opinion sur la conduite à tenir dans l'intérêt de la paix européenne ; tous, plus généreux peut-être, que nature, donnent leur opinion. Après avoir demandé des rectifications de frontières, la reine d'Angleterre dit :

« Pour ce qui est de la Grande-Bretagne, je voudrais que mon gouvernement consentît spontanément l'autonomie de l'Irlande, sous mon sceptre, la rétrocession des îles françaises de la Manche à la France, de l'île de Malte à l'Italie, de Gibraltar à l'Espagne, l'évacuation de l'Egypte et, enfin, je souhaiterais l'abandon définitif de cette politique traditionnelle du peuple anglais qu'on pourrait appeler le *britannisme* à outrance et qui lui a fait tant d'ennemis. »

Quant à l'empereur François-Joseph, il émet le vœu que l'autonomie soit donnée à la Bohême et aux autres groupes de son empire, par exemple au Trentin, à la Transylvanie et à la fraction de la Pologne qui fait partie de ses États ; il admettrait même que le Trentin fût réuni à l'Italie et la Transylvanie à la Roumanie. En veine de générosité, il ajoute :

« Pour ce qui est de la Pologne, j'estime que nos frères l'empereur de Russie, l'empereur d'Allemagne et moi, nous avons à réparer le crime politique de nos ancêtres.

» Au surplus, la reconstitution de la Pologne comme nation souveraine ne saurait inspirer nulle inquiétude patriotique à la Russie, à l'Allemagne et à l'Autriche, le régime de la fédération devant succéder à celui de la concurrence. »

L'empereur Guillaume n'est guère moins accommodant :

« Pour entrer dans vos nobles vues, lesquelles existaient chez moi à l'état d'entrevisions, je demanderai à mon gouvernement de faire sanctionner la restitution de leur autonomie au duché de Posen, qui pourra contribuer, s'il lui plaît, à reformer l'ancienne Pologne ; au duché de Sleswig-Holstein, qui pourra redevenir danois ; au Hanovre, avec rattachement fédératif à mon empire ; à l'Alsace-Lorraine, enfin, que je voudrais indépendante, et où je désirerais que fût le champ d'évolution du fédéralisme européen dans tous les ordres : politique, commercial, artistique, militaire, etc., etc.

» Le gouvernement de la République française, que je regrette sincèrement de ne pas voir représenté ici par son Président, se rallierait, j'ose l'espérer, à cette nouvelle destination grandiose de l'Alsace-Lorraine. Et l'empereur Nicolas se porte fort pour lui, je le sais, que, à l'exemple de nos gouvernements, il ferait, au triomphe de l'Union européenne, sa part de sacrifices.

L'empereur de Russie, très coulant sur la question de la Pologne, ajoute :

Dans l'intérieur de chaque pays l'armée serait remplacée par une milice, continuellement exercée, mais seulement en vue de la défense commune de l'Europe contre des incursions asiatiques possibles.

» Toutes les citadelles situées sur les frontières des

États européens seraient rasées ou démantelées, et l'on ne conserverait, en les fortifiant avec accroissement de leur nombre, que celles destinées à préserver l'Europe elle-même contre les attaques du dehors.

» Les douanes intérieures, c'est-à-dire entre les États confédérés, seraient abolies, et il entrerait dans les attributions du Suprême Conseil et du Conseil fédéral européen de créer pour l'Europe l'harmonie économique, soit en corrigeant, par des émigrations à l'intérieur, scientifiquement réglées, la trop grande densité de certaines populations, soit en répartissant les industries sur les territoires qui y seraient le plus propices, en sorte que la concurrence ruineuse d'aujourd'hui serait remplacée par une féconde coopération. »

Autant de rêves, bien entendu, mais qui n'a pas le droit et un peu le devoir d'en faire en présence des hautes et inquiétantes questions qui se posent en ce moment sur tant de points de l'Europe ?

LI

MAURICE MONTÉGUT

LE GESTE

M. Maurice Montégut est un des romanciers trop rares qui ont, avec la netteté de la forme, le don de l'intérêt et de l'émotion. Ces qualités se retrouvent dans sa dernière œuvre, *le Geste*. Un cas de maladie mentale lui a probablement fourni le point de départ du roman, car on y sent percer la vérité, l'emprunt fait à la nature, très habilement mêlés à la fable.

C'est un épisode de la vie des étudiants qui commence le livre ; contrairement à ceux de Mürger, ceux-ci travaillent et annoncent déjà des hommes qui seront utiles à leur pays ; mais la jeunesse a toujours ses droits, et, parmi eux, ceux de l'amour qui ne se laissent pas prescrire. Le fameux *improbus labor* n'y peut rien, et l'un d'eux, Gabriel Morsalines, tombe amoureux fou d'une petite voisine, d'une jeune fille remarquable par sa beauté autant que par son intelligence. Très honnêtement, notre étudiant lui offre son nom, mais celle-ci, prise de scrupules que je trouve exagérés, lui déclare que, comme fille d'un homme déshonoré par une condamnation méritée, elle ne veut pas apporter le moindre empêchement à la belle carrière qui s'ouvre devant lui ; or, ce mariage lui créerait trop de difficultés dans la vie, et sa volonté est de les lui épargner. Tant de logique et de désintéressement attachent encore davantage le jeune homme à la jeune fille qui, d'elle-même, se donne à lui comme maîtresse. L'honnêteté de notre héros n'accepterait pas ce sacrifice si un événement inattendu ne venait le rendre plus inévitable. Un incendie détruit la maison qu'habite l'étudiant et, quand il veut rentrer au logis, il retrouve sa maîtresse devenue folle de terreur ; j'abrège : on la place dans une maison de santé, mais sa raison a complètement sombré bien que la vie animale ait été épargnée ; Gabriel, devenu un grand écrivain, a fini par se marier ; huit ans se sont passés, il est aujourd'hui père d'un fils que lui a donné une femme qu'il aime, sans cependant oublier celle qui, toujours belle, est recluse, dont les cheveux ont blanchi et qui, dans sa démence, reste immobilisée avec le geste que la terreur lui a causé jadis.

Mais la nature a ses secrets et a voulu que, tout à coup, une terreur nouvelle vînt secouer tout son être et rendre la raison à celle qu'on devait croire l'avoir perdue pour toujours. C'est là qu'est le roman.

La pauvre fille qui ne sait rien, qui se réveille d'un sommeil de huit ans, aime son amant comme au premier jour, et celui-ci a senti, en la revoyant, renaître une affection qu'il croyait éteinte depuis longtemps. Conduite avec beaucoup de délicatesse, cette seconde partie du livre est, je le répète, d'un intérêt réel et contient un dénouement naturel et touchant : le sacrifice que fait d'elle la pauvre fille qui en est réduite à regretter non seulement ses jours de bonheur, mais ceux où sa raison engourdie ne percevait plus rien des choses de sa vie. Telles sont, sommairement indiquées, les grandes lignes de ce roman, dont le charme des détails double l'intérêt.

LII

LEON GAUTIER

*HISTOIRE DE LA LANGUE
ET DE LA LITTÉRATURE FRANÇAISE*

Voici un grand et important ouvrage qui s'adresse non seulement à ceux qui s'occupent spécialement de linguistique, mais aussi à tous ceux qui étudient notre langue et sont soucieux d'en suivre les modifications et les progrès jusqu'à ce jour. Sous la direction de M. Petit de Julleville, professeur à la Faculté des lettres de Paris, un grand nombre de littérateurs, d'érudits, parmi lesquels MM. L. Crouslé, Chantavoine, A. Chuquet, G. Larroumet, René Doumic, Gazier, Rocheblave, Emile Bourgeois, F. Brunot, Léo Claretie, Léon Gautier, etc., ont entrepris d'écrire l'*Histoire de la Langue et de la Littérature française* depuis ses origines jusqu'à 1900. Le premier volume contient de belles études sur les origines de la langue française, la poésie narrative religieuse, l'épopée nationale, l'épopée antique, l'épopée courtoise, les chansons, les fables et le roman, les fabliaux, le *Roman de la Rose*, la littérature didactique, les sermonnaires et traducteurs, l'historiographie, les derniers poètes du moyen âge, le théâtre religieux et comique et la langue jusqu'à la fin du xive siècle.

A propos du scepticisme, de l'ironie, tant reprochés à notre époque chargée de crimes littéraires, tels que, dans l'opérette, les parodies de l'antiquité, du moyen âge, de tout ce qui fut grand et beau, je trouve cette page qui, si elle est justifiée par nos criminels auteurs, semble les excuser en ce sens qu'elle leur retire l'initiative de l'irrévérence :

« Il est certain que, dès le xiiie siècle, nos épiques ne croyaient plus à leurs héros. L'histoire était toute jeune encore ; mais, enfin, elle était et pourchassait déjà la légende. Le scepticisme, d'ailleurs, ne se bornait pas aux chansons de geste, aux grands coups d'épée d'un Roland, aux exploits presque miraculeux de cet Ogier qui tenait seul l'empire en échec. Les auteurs de fabliaux, comme ceux du *Renard* et de la *Rose*, étaient déjà voltairiens plusieurs siècles avant Voltaire et se gaussaient de tout avec un vilain sourire goguenard. L'épopée ne pouvait échapper à ce doute gouailleur qui n'épargnait pas Dieu lui-même. Non seulement elle provoqua ce haussement d'épaules familier aux sceptiques qui passent devant une grande chose ; mais on alla jusqu'à la bafouer publiquement

et à lui infliger le châtiment immérité de la parodie !
Il faut (c'est dur) lire cet immonde *Audigier* dont la
scatologie est faite pour révolter les esprits les moins
délicats, il faut lire ces pages cyniques, écrites dans
le rythme particulier d'*Aiol* et de *Gérard de Roussillon* (c'est une injure de plus) pour se faire quelque
idée de la stupide réaction dont nos chansons de geste
furent l'objet en plein siècle de saint Louis. *Audigier*
n'est pas le seul témoignage qui nous soit resté de
cette hostilité rebutante ; il faut y joindre la plaisanterie plus innocente du *Siège de Neuville* où l'on
met en scène de bons bourgeois qui jouent au chevalier. »

Il faut que ceux qui n'ont pas le temps de lire
sachent gré de tels renseignements à M. Léon Gautier, qui a lu pour eux ; car, comme le dit le chroniqueur Métra, dans la *Correspondance secrète :*
« L'extrait d'un livre ennuyeux peut être amusant,
et il a le mérite de nous en faire juges en nous épargnant une fastidieuse besogne. » Je n'insiste pas sur
l'intérêt de ce grand ouvrage qui non seulement cite
des textes, mais en donne des fac-simile très remarquables.

LIII

HENRI LAVEDAN

LES PETITES VISITES

C'est une œuvre de main délicate, faite d'observation profonde et facile, c'est-à-dire sans que l'effort de la recherche y apparaisse, que le livre que M. Henri Lavedan vient de publier sous ce titre : *les Petites visites*. M. Lavedan possède des qualités rares parmi les romanciers de ce temps, le tact, la mesure, un sentiment des convenances qui ne l'abandonne jamais et qui fait que sa littérature très saine peut s'exercer sur tous les sujets sans que l'esprit le plus en défiance ait jamais à y être inquiété. Ces nouvelles ou saynètes, car elles sont toutes dialoguées, promènent le lecteur un peu partout, et sont chacune des sortes de comédies réduites ; car M. Lavedan, malgré ses qualités de romancier, est un homme de théâtre, comme il l'a, d'ailleurs, plus que suffisamment prouvé : de là, ce don particulier de pouvoir résumer en quelques mots tout un caractère.

Voici par exemple : « la Visite chez la nourrice. » Une dame de la ville a, pour des raisons à deviner, mis au loin son enfant en nourrice. Rarement elle le voit, et n'apparaît que pour payer les mois de la femme chargée, pour tant par mois, y compris les caresses et les mots maternels, d'élever cet enfant dont la vie gêne évidemment la sienne. La jeune et jolie femme, très élégante, entre dans la maison, embrasse le nourrisson du bout des lèvres, paie et ne manque pas de répéter sa recommandation au père nourricier :

LA DAME. — Mais s'il y avait la moindre des choses, qu'elle tombe malade... n'est-ce pas? Vite, avertissez-moi?

BEAUTEMPS. — N'ayez crainte, elle ne bronchera pas.

LA DAME. — Un malheur est si vite arrivé !

BEAUTEMPS. — Et puis, et puis, au cas qu'il y ait besoin. Quoi !... on vous toucherait un mot avec un timbre.

LA DAME. — A ce propos, vous vous rappelez bien toujours, n'est-ce pas, mes braves gens, mes recommandations ?

BEAUTEMPS. — Oui, oui.

LA DAME. — C'est très sérieux. N'y manquez jamais.

BEAUTEMPS. — Soyez à l'aise, on a le papier (*A sa femme.*) T'as bien toujours le papier à Madame, Lise ?

LA MÈRE BEAUTEMPS. — Il est dans le buffet (*Elle ouvre un tiroir et en sort un papier très fatigué, qu'elle déplie et lit.*) Madame X. B. W. Bureau de la Madeleine. Poste restante.

LA DAME. — C'est ça. J'y passe toutes les semaines. Ainsi, de cette façon, je ne manquerai pas d'être prévenue.

BEAUTEMPS. — Mais oui.

LA DAME, *avec un soupir, de loin à Félicienne*. — Alors, adieu, ma petite mignonne !

LA MÈRE BEAUTEMPS, *au bébé*. — Dis adieu à ta maman, ma belle, fais les pigeons avec tes petites mains, tra la la... deridera...

LA DAME, *relevant sa voilette*. — Je ne veux tout de même pas partir sans l'embrasser.

LA MÈRE BEAUTEMPS. — Guettez que j'essuie sa petite goule. Elle vous graisserait. Là, baise maman. Dis : « Au revoir ! au revoir ! »

LA DAME, *qui l'embrasse*. — Je t'aime bien, va (*En rabaissant sa voilette, avec un commencement d'émotion, mais si menue !*) Malgré tout, ça me fait quelque chose ! (*Elle se lève*). Allons ! Voilà le grand moment. Bonsoir, monsieur Beautemps.

BEAUTEMPS. — Permission, madame. A la prochaine ! (*Il lui tend la main*). Et bonne promenade (*Il regarde le ciel*). C'est un joli temps pour voyager.

LA DAME. — Adieu, mère Beautemps. Soignez bien ma petite Félicienne...

LA MÈRE BEAUTEMPS. — Comme les nôtres, madame. Yolande, veux-tu point gruger le ventre à la petite sœur ? Je vas te fiche une gifle. Dis bonsoir à madame, et fais ta révérence... Bertille, laisse ton nez, sale ! et envoie un beau baiser. Voilà le beau baiser.

LA DAME, *du seuil*. — Adieu, le petit monde ! Adieu ! Adieu !

BEAUTEMPS. — Où donc qu'est votre voiture ?

LA DAME. — A l'ombre, au coin de la route. Je suis descendue avant. Là, je me sauve (*Elle s'éloigne, légère. Le petit chien noir et blanc la congédie en aboyant*).

LA MÈRE BEAUTEMPS, *à Félicienne, qu'elle fait sauter au bout de ses bras, et qui se tord de rire*. — Dis que t'es encore mieux avec ta nounou, ma grosse taupe ?

BEAUTEMPS. — Passe-moi l'argent, que je la serre.

Puis c'est « la visite au lycée », qui nous montre, à côté de la tendresse de la vieillesse, l'indifférence de l'enfance. Le jeune homme est appelé au parloir par sa vieille tante qui n'a pu s'empêcher de venir du fond de sa province pour l'embrasser. Le dialogue est charmant : l'enfant est éclatant d'une férocité qui s'ignore ; elle, la vieille femme, voit bien cela, mais sa tendresse est plus forte que tout. Une cloche se fait entendre, l'enfant l'embrasse vivement et se prépare à disparaître. « Et c'est une classe de quoi à présent, où tu cours si vite ? — C'est pas une classe, ma tante c'est la récréation ! » Et la pauvre tante restée seule, songe avec un attendrissement blessé : « Pauvre petit méchant ! c'est déjà un homme ! »

J'en passe : « La caserne, Au cimetière, Chez une amie commune » ; cette amie, madame Prunier, a organisé chez elle la rencontre d'un jeune homme et d'une jeune fille pour les marier ; on se salue, on se quitte.

MADAME PRUNIER, *une fois sur le palier, bas*. — Eh bien ?

M. DUFLAC. — Moi, ça m'est égal. (*A son fils.*) Mais toi ?

PAUL DUFLAC. — Elle me déplaît plutôt. Elle est mal bâtie, et elle a l'air bête comme un pot à eau.

M. DUFLAC. — Oui. Calme-toi. Ça ne prouve rien. Et ne nous pressons pas. Ta mère m'a fait le même effet la première fois.

MADAME PRUNIER. — Enfin, voyez ! Réfléchissez ! Quatre cent mille francs tout de suite. Et autant à la mort.

M. DUFLAC. — Merci, chère amie. Nous allons y penser.

Pendant ce temps-là au salon.

MADAME LOURDAIN, *à sa fille*. — Comment le trouves-tu ? Te plaît-il ?

MADEMOISELLE LOURDAIN. — Il me plaît. Je crois qu'il a du cœur. Il n'a pas l'air de tenir à l'argent.

MADAME LOURDAIN. — Enfin, nous allons y penser. Ne nous pressons pas. Il s'agit de ton bonheur. Ça vaut la peine de réfléchir jusqu'à demain.

MADAME PRUNIER, *qui rentre au salon. A part.* Ça se fera.

Avant de finir, je veux signaler encore : « En passant », un véritable petit chef-d'œuvre, ce qui se voit autour d'un homme qui sait qu'il va mourir et qui le cache aux siens, pendant que ceux-ci ne savent comment s'y prendre pour lui annoncer la visite du prêtre qui sera censé être venu par hasard « en passant ».

Le prêtre fait son office, le mourant lui recommande de ne pas dire à la famille qu'il se rend compte de sa situation, et celle-ci, quand il est mort, se réjouit à penser qu'il n'a pas eu conscience de son état. Mais qu'est un tel résumé à côté de ces pages si émouvantes par leur simplicité, si éloquentes dans leurs moindres détails? *Les Petites visites* resteront certainement comme un des meilleurs livres de M. Henri Lavedan ; je n'en saurais faire un plus bel éloge.

LIV

JULES CLARETIE

LA VIE DE PARIS

Après un long silence, M. Jules Claretie s'est remis, comme il le dit, à parler des choses de son temps. C'est cette résolution qui nous vaut un nouveau volume de la *Vie de Paris*, résumant, sous forme de causeries, bien des événements grands et petits de l'année 1895. Je n'ai pas à insister sur l'intérêt de cette publication dont le succès fut si grand il y a dix ans ; ce succès il le retrouve aujourd'hui et ceux qui aiment à être renseignés, ils sont nombreux, seront enchantés de voir renouer ce fil d'anecdotes, de critiques, de souvenirs, qui semblait avoir été rompu. Avant de fermer ce volume je veux citer cette éloquente sortie de M. Claretie contre le « Jubilé » aussi étrange qu'odieux célébré par le gouvernement allemand, oublieux des deuils qu'il rappelait aussi bien d'un côté que de l'autre ;

« Que de morts ! Et, depuis vingt-cinq ans, que de rides aux fronts de ceux qui ont survécu, de cheveux gris, de têtes chauves, tant d'hommes qui ont vieilli en disant : « Dans cinq ans ! Nous verrons dans cinq ans ! » Que de disparus ! Mais, du moins, emportés, ceux-là, par le torrent de vie, par les maux inévitables, frappés par l'implacable loi de nature, plus inévitable que la loi humaine ! Tandis que les autres, ceux qui depuis si longtemps ne sont plus que des ossements en terre étrangère (terre allemande si ce sont des prisonniers français, terre française si ce si ce sont des morts allemands). Ils étaient, vingt-cinq ans avant le *Jubilé*, pleins d'espoirs, pleins de force, rayonnants de jeunesse ; ils entraient dans la vie avec l'appétit de la vie, les lourds garçons de Poméranie ou les beaux gars des Pyrénées qui se sont heurtés et entr'égorgés dans les bois de sapins et les houblonnières. Il étaient des fils, ils allaient être des pères. Ils ne demandaient pas des tombes glorieuses, des anniversaires célèbres, des *Jubileen* historiques. Ils ne demandaient qu'à vivre, et leur part de bonheur, leurs songes d'avenir, ils les ont donnés pour cet autre rêve, la Patrie !

» Ils auraient cinquante ans ! Ils seraient des chefs de famille, ils auraient apporté non pas leur sacrifice d'une heure, mais leur labeur de tous les jours à l'humanité. Ils verraient, hommes grisonnants, satisfaits de leur journée, passer dans les chemins qu'ils suivaient autrefois avec leurs fiancées, les fiancées de leurs fils, ou les femmes de leurs fils, portant sur leurs bras des nouveau-nés souriants et blonds... Ils seraient des êtres de choix au lieu d'être des fantômes, des bras robustes et des cerveaux qui penseraient au lieu d'être des ossements rongés et des crânes vides... Oh! la lugubre pensée qui me hante pendant qu'en Lorraine et ailleurs les prières montent pour les morts de l'année féroce :

» — *Ils auraient cinquante ans !*

» Qui sait ce que la science, l'art et le progrès ont perdu de forces cérébrales dans cette tragique hécatombe que tout un peuple acclame avec des fanfares? »

Et tout cela parce qu'il a plu à M. de Bismarck de fausser une dépêche et de tromper son maître comme un Géronte !

LV

MAXIME FORMONT

TRIOMPHE DE LA ROSE

Très délicat de pensée et très pur de forme est le livre de poésies que M. Maxime Formont publie sous ce titre : *Triomphe de la Rose*, avec une lettre-préface de M. José-Maria de Heredia. C'est un livre de délicats qui se recommande par la sincérité de l'inspiration amoureuse qui l'anime. L'auteur, s'oubliant soi-même en sa ferveur, cherche la gloire de l'aimée avant la sienne, ainsi qu'il apparaît par ces vers :

> J'abandonne au néant pour rançon de sa gloire
> Mes songes, mon orgueil, mon labeur illusoire,
> Et qu'à ce prix mon vœu dernier soit entendu :
> Ainsi que l'ouvrier dont le nom s'est perdu
> Lègue aux siècles l'émail infrangible où demeure
> La grâce d'un profil immortel, que je meure

Obscur mais ayant su redire sa beauté
Dans un seul vers qui rende un son d'éternité.

Par la forme comme par le sentiment, ce livre se réclame des *Triomphes* de Pétrarque et des odelettes amoureuses de Ronsard.

LVI

EUGÈNE VIVIER

SUITE A QUELQUES PARAGRAPHES

Du philosophe artiste et flâneur intelligent qu'est Eugène Vivier nous recevons, de Nice, un nouveau volume de pensées et d'observations, intitulé : *Suite à quelques paragraphes*. Je l'ouvre au hasard et je copie :

« La discrétion n'est, chez la plupart, qu'un manque de courage.

» — Quelle triste idée un tonneau tout plein doit avoir des lois de la pesanteur, en se voyant rouler, d'une seule main, par un enfant !

» — Mais *tiens-toi droite, tiens-toi droite*, ma

chère enfant, *tiens-toi droite*, je t'en conjure, il va venir !

» C'était un très riche bossu, le fiancé de la chère enfant, qu'on attendait.

.*.

» — C'est le cœur de la mère qui passe dans la main du petit être qu'elle conduit et encourage à marcher. Un quart de pas par chaque battement : pas davantage !

.*.

» — Dans un de ces tourbillons de vent où dansaient en rond mille feuilles sèches fraternisant ensemble, un objet de couleur blanche, un peu ternie par la poussière, en poursuivait un autre de la même couleur : c'était une enveloppe qui courait après sa lettre.

.*.

» — On ne trouverait pas que les jours et l'argent filent trop vite, si l'on prenait soin de les compter.

.*.

» — A quoi arrivera-t-on, si l'on y arrive, pour le peu de temps qu'on y passera ? »

Pour le reste, lire le petit volume en question

LVII

ERNEST BLUM

MÉMOIRES D'UN VIEUX BEAU

C'est un livre très amusant, quelque chose comme du Paul de Kock à la mode du jour que les *Mémoires d'un vieux Beau*, que publie M. Ernest Blum. Dès le seuil de son roman, notre fécond vaudevilliste nous fait sa profession de foi au point de vue des villégiatures; un ami, le président de son cercle, l'a invité à aller passer quelques jours avec lui, dans une maison de campagne, qui se trouve à trois heures de chemin de fer de Paris seulement, mais auxquelles il faut ajouter quatre heures et demie de voiture; et cela en plein midi par une chaleur de juillet, traversant des prés verts et des prairies jaunes en wagon et des prairies vertes et des prés jaunes en voiture; indigné, il écrit :

« Je n'aime pas beaucoup les déplacements dans les maisons de campagne des autres ! Je ne suis même pas bien sûr que j'aimerais les déplacements dans les maisons de campagne que j'aurais.

» S'installer durant plusieurs semaines dans la villa, voire le château d'une connaissance de cercle, est une de ces idées étonnantes qui n'arrivent pas à entrer dans ma cervelle de vieux boulevardier.

» — Le voyage est l'art de troquer, dans les hôtels, ses bottines neuves contre des vieilles !

» On ne troque pas ses bottines dans les villas ou les châteaux de ses amis, mais il ne s'en faut de guère !

» On y change au moins ses habitudes, on renonce à ses manies, c'est-à-dire à ce qu'il y a de meilleur et de plus reposant au monde. Si hospitalier que soit l'ami qui vous héberge, vous devenez sa chose, celle de sa femme, de ses enfants s'il en a — et les gens qui vous invitent en ont toujours — ils ne vous font venir à leur campagne que pour les désennuyer !

» Vous êtes condamné à dîner à des heures différentes des vôtres ! A vous promener quand vous n'en avez pas l'envie, à vous reposer quand vous désirez sortir. »

Pourtant, pressé par son président de cercle, l'auteur a accepté l'invitation : il a pris le train. Enfin on arrive, mais la pluie commence à tomber. « L'excuse de la campagne, s'écrie-t-il, c'est l'air et le soleil ; » mais hélas ! les cataractes du ciel s'ouvrent pendant toute la semaine, jours et nuits. Que faire ? L'hôte a compris que c'était là l'occasion d'un nouvel *Heptaméron*, et sans difficulté, il raconte l'histoire ou plutôt les histoires de ses amours ; récits très amusants, décolletés comme il convient entre hommes, car le logis de l'ami est privé en ce moment de la châtelaine. Celle-ci arrive enfin ; tous les invités la saluent respectueusement, mais chacun d'eux lui adresse discrètement un sourire de reconnaissance pour de doux instants passés jadis à Paris. L'hôte ne se doute naturellement de rien, le beau temps renaît et l'on devine aisément que pour les invités la campagne va devenir tout à fait agréable.

LVIII

A. VERCHIN

HEURES TRISTES

C'est un livre de poésies émues, clairement exprimées, que celui que M. A. Verchin publie sous le titre d'*Heures tristes*. L'auteur est breton, il aime sa terre natale et il la chante pieusement, en parlant comme un enfant parle de sa mère. Je cite, au hasard, ces quatrains qui donneront idée de la note dominante du livre :

> O bonne terre des aïeux,
> Bretagne poétique et grise,
> Dont le charme mystérieux
> Pénètre jusqu'au cœur et grise.
>
> Terre de roc et de granit
> Où poussa bien notre semence,
> Terre âpre et rude qui finit
> Au point où l'Océan commence !

> Nous sommes pétris de ton sol
> Et notre origine persiste ;
> Quand notre âme vole, son vol
> L'emporte vers la lande triste.

On est aussi heureux qu'étonné de trouver aujourd'hui des vers qui riment, qui aient une mesure et un sens ; c'est pourquoi nous signalons le livre de M. Verchin.

LIX

JEAN SIGAUX

AU PRINTEMPS DE LA VIE

C'est un mouvement instinctif, tout naturel au voyageur, que de se retourner pour voir l'étendue du chemin parcouru. Quel homme, au milieu de l'agitation de la vie, ne s'est reporté par la pensée à ses premiers jours, et n'a revu dans un lointain brumeux, une maison, un champ, un clocher ? Car c'est des objets surtout que l'on se souvient, et tel coin de rue, tel arbre penché sur une route, a le pouvoir de raviver des souvenirs que l'on ne savait pas si profondément empreints dans la mémoire. C'est de ces évocations qu'est fait le livre que M. Jean Sigaux vient de faire paraître sous ce titre : *Au Printemps de la Vie.*

Le roman prend bien un peu sa place dans cet ouvrage, mais il ne sert que d'armature à un revêtement de scènes vraies, de cadre à une suite de tableaux et de croquis faits d'après nature. De même que le Roi des Rois se contente de dire : « Je suis Agamemnon ! » le héros de M. Sigaux ne fait pas de périphrases pour se faire connaître.

« Je me nomme Pierre Vernon, j'ai vingt cinq ans, je suis pauvre, ignoré, inconnu de tous — de moi surtout — et j'entreprends de raconter ma jeunesse. Pourquoi ?

» Les héritiers de M. de Talleyrand ont publié ses *Mémoires* cinquante ans après sa mort ; je publie ceux-ci cinquante ans peut-être avant la mienne. Beaucoup, sans doute, ne saisiront pas l'opportunité de ce rapprochement, qu'ils trouveront inconvenant ou ridicule. Elle existe cependant, et si j'évoque ici le grand nom du prince de Bénévent, ce n'est pas seulement parce qu'un chien a le droit de regarder un évêque, c'est aussi et surtout parce que les résultats de la publication entreprise par ses héritiers ont été pour moi un encouragement. M. de Talleyrand, en effet, grand premier rôle dans la comédie de son temps, évocateur autorisé des principaux événements de toute une époque, avait le droit, en prenant la plume, de s'adresser à l'univers entier ; et il a réussi tout juste à n'intéresser personne. Pourquoi l'inconnu sans passé, sans présent, sans avenir, désespérerait-il d'arriver, en racontant sa misérable et inoffensive jeunesse, au seul résultat qu'il ambitionne : conquérir le suffrage amical de ceux, en petit nombre, pour qui toute vie, s'agit-il de la plus infime, est un sujet fécond en gaîtés ou en tristesses, en réflexions railleuses ou en retours mélancoliques sur soi-même, un thème banal et sans relief, mais qui vous prend l'âme par la douceur, par la pitié, par le ressouvenir des mêmes joies ou des mêmes angoisses, et fait que tel petit événement du cœur vous intéresse mille fois plus que telle grande aventure historique qui aura bouleversé le monde ? »

Et le récit commence, récit plein de la poésie d'un jeune cœur, et aussi des tristesses qui marquent les étapes de la vie. Le tout raconté avec le charme qui se dégage de toute œuvre présentée avec la simplicité de l'expression et la sincérité de l'impression.

LX

MARY SUMMER

LE ROMAN D'UN ACADÉMICIEN

C'est un livre d'aujourd'hui et c'est presque un bibelot du siècle dernier, que *le Roman d'un Académicien*, que Mary Summer publie avec une jolie préface de M. Augustin Filon. Au-dessous du titre, l'auteur a inscrit cette mention : « Histoire vraie du xvii® siècle ». Ces protestations de véracité, que font souvent les écrivains à propos de leurs œuvres, n'ont généralement de sincère que le véhément désir de piquer l'intérêt du lecteur, ce qui est de bonne guerre. Mais, cette fois, après avoir lu le roman, il m'a semblé, en effet, y sentir passer un souffle de vérité, à ceci près qu'au lieu d'y voir agir un académicien du siècle dernier il m'a semblé parfois en avoir un du nôtre devant moi. C'est l'aventure d'un académicien, jeune encore, assez pour n'avoir pas oublié ce qu'est l'amour. Cela se voit même de nos jours, et s'il en est de rassurants pour les vertus peureuses, il en est que leur jeunesse prolongée peut rendre redoutables ou agréables, suivant le point où l'on se place.

C'est presque un roman par lettres, que le *Roman d'un Académicien*, une très fine analyse de sentiments élégamment étudiés à la façon de Marivaux. Il semble, par instant, qu'on lise un de ces petits livres de la « Bibliothèque amusante » de Cazin, cousins de ceux de Crébillon fils. J'y trouve cette jolie observation faite à propos d'une femme qui, en se couchant, s'est laissée aller à écrire à celui qu'elle aime tout ce qu'elle ressent d'amour pour lui : « Les femmes ne devraient jamais écrire la nuit. Le silence les exalte, l'encre les grise comme le vin, et leur plume les entraîne au delà de leur pensée. » Voilà qui est vrai, j'en appelle aux femmes qui ont écrit, écrivent ou écriront, c'est-à-dire à toutes.

Le roman, puisque c'en est un, se résume en le récit des amours d'un homme et d'une femme du monde qui, tour à tour, ont peur de se donner entièrement l'un à l'autre, et ont le tort de devancer le moment d'une rupture que le temps sait toujours si bien — et si cruellement parfois — indiquer lui-même. Il est vrai que, dans cette histoire, l'homme n'est plus très jeune et que la femme l'est un peu trop. Mais c'était le cas ou jamais de rétablir la moyenne des années en les confondant. L'auteur, esclave de la vérité, ne l'a pas jugé bon ; qu'il soit fait selon sa volonté ! En tout cas. le livre est d'une facile et aimable lecture, et c'est cela surtout que j'ai voulu dire.

LXI

HENRY NOCQ

ENQUÊTE SUR L'ÉVOLUTION DES INDUSTRIES D'ART

C'est un livre intéressant pour les artistes et les passionnés d'art que celui que M. Henry Nocq publie sous ce titre : *Enquête sur l'évolution des industries d'art*. Avec une grande bonne foi, l'auteur reproduit les opinions des interviewés, alors même qu'elles se contredisent, celles de MM. de Goncourt, Régamey, Henri Havard, Arsène Alexandre, de Montesquiou-Fezensac, Roger-Marx, Grasset, Bracquemond, O. Uzanne, Raffaelli, Baffier, Dampt, Duez, Roty, Frantz Jourdain, etc., etc.

Très justement, M. Henri Havard, sous l'impression de toutes les étrangetés produites par ceux qui croient qu'on peut devenir un artiste original par un effet de la volonté, et inventer un style, répond que la transformation d'un objet mobilier ne dépend pas de l'imagination du créateur de cet objet, mais doit d'abord répondre aux transformations qui se produisent dans nos besoins. La logique est le principal agent de ces transformations.

Ceux qui, pour créer un style nouveau, tout en protestant contre le classique, c'est-à-dire le grec, le romain, la renaissance, croient devoir remonter aux sources du moyen âge, font également fausse route. Les beautés d'architecture et d'ameublement du gothique, par exemple, répondaient à des besoins moraux et physiques de leur temps et n'ont aucune raison de se manifester au nôtre. On s'étonne de la persistance du goût pour les productions du xviiie siècle, mais c'est cet étonnement même qui est surprenant, puisque cette époque avait donné un confortable et une élégance inconnus jusqu'alors, et que c'est dans cet épanouissement que la Révolution est venu l'interrompre. L'évolution du xviiie siècle était très loin d'être accomplie, quand la République est venue lui opposer sa force destructive. On crut sous David, sous le Consulat et jusqu'à la première moitié de ce siècle, avoir supprimé le fleuve en le barrant. Il a cherché son chemin et, pour s'être détourné un instant, n'est pas moins rentré dans le lit où il faut qu'il achève son cours.

Le temps évidemment fera de ce goût ce qu'il fait de tout, mais c'est lui seul qui décrète le commencement et la fin de toutes choses, sans se soucier des révolutions humaines qui n'ont jamais fait que retarder sa marche sans jamais parvenir à l'arrêter. Les progrès se font d'eux-mêmes. Le prodigieux attrait qu'exerce encore le xviii° siècle en art, en littérature, en modes, en est la preuve. Ne cherchons donc pas à le combattre, car il avait des armes que nous n'avons plus, les maîtrises, la discipline, il nous reste bien la conscience, l'inquiétude (trop de celle-ci), et c'est la réserve sur laquelle il nous faut compter. Quant au retour au temps passé pour faire du nouveau, je crois qu'il est parfaitement condamné par cette opinion de M. E. Grasset : « Le mal c'est l'archéologie ».

LXII

L. XANROF

CHANSONS IRONIQUES

On demandait dernièrement pourquoi la mode des fables était passée ; la seule réponse à cette question me semble être celle-ci : c'est que la fable vivant surtout par le sous-entendu, la malignité cachée dans une morale plus ou moins moralisante, n'a plus de raison d'être dans un temps où l'on a le droit de tout dire ou de tout écrire. Pareille question et pareille réponse pourraient être faites à propos de la chanson, et si les Bérangers sont plus que rares aujourd'hui, c'est qu'ils n'auraient pas grand'chose à faire, même de la prison, puisqu'on peut chanter tout ce qu'on veut ; qu'est-ce que la force de la vapeur si on ne la comprime pas, celle du chansonnier si on ne l'opprime point ?

Aussi pour le chansonnier, son art lui est-il devenu

malaisé à exercer en raison de son absolue liberté ; il lui faut beaucoup d'esprit d'observation pour s'en tirer, car il doit traiter de toutes choses, et n'a plus, comme autrefois, son scénario de chanson tout fait, le premier couplet consacré au vin, le second à la politique, le troisième aux dames ! Il y a bien encore un peu de tout cela dans la chanson moderne, mais le naturalisme lui a donné une bien autre forme !

Ceci à propos d'un volume de M. L. Xanrof, dont on sait déjà le talent fin, le tour ingénieux. Son recueil est intitulé : *Chansons ironiques*. L'ironie est, en effet, la marque de l'esprit de M. Xanrof ; il faut être Parisien achevé pour comprendre tout ce qu'il y a de gai sous son aspect sérieux, de délicat sous son réalisme voulu et d'observation dans ses croquis instantanés. Dans « la Bonne Mère, » que de choses dans ce refrain dit par une madame Cardinal à sa fille : « Tu devrais songer à ta mère ! »

> Quand t'as fait un' faute à quinze ans,
> Ma chéri' j'tai mise à la porte :
> Un' fill' qui rougit vos ch'veux blancs,
> C'est bien naturel qu'on s'emporte !
> Mais j'ai regretté ma dur'té
> En apprenant qu't'étais prospère...
> Du moment qu'ça t'a profité.
> Tu devrais songer à ta mère !

Et ainsi de suite, un nouveau conseil par couplet. Je signalerai encore : « Au Palais de Justice, » « Maîtresse d'acteur, » et bien d'autres. J'ajouterai que M. Xanrof fait lui-même la musique de ses vers.

LXIII

FRÉDÉRIC FEBVRE

JOURNAL D'UN COMÉDIEN

Un comédien qui ne dit pas que ses directeurs étaient d'infâmes exploiteurs, que les auteurs qui lui ont donné des rôles n'ont dû leur succès qu'à son mérite et à ses conseils et qui trouve du talent à ses camarades petits et même grands, voilà qui n'est pas chose ordinaire. Ce phénomène peut être constaté par la lecture de deux très amusants volumes qui ont pour titre : *Journal d'un Comédien*. Ce journal est celui de la vie d'artiste du grand comédien Frédéric Febvre, qui s'intitule, hélas ! aujourd'hui : ex-vice-doyen de la Comédie-Française.

Très instructif, très encourageant pour les jeunes artistes, cet ouvrage est d'une lecture fort intéressante pour ceux qui aiment à revivre un peu dans ce passé que le présent a chassé trop vite. Charmants souvenirs que ceux que laisse le théâtre, qui ne nous rappellent que des soirées de plaisir ou d'émotion, qui pour un instant nous font revoir de grands artistes jouant de belles pièces et dont le grand mérite est de nous rajeunir pour un instant. Le livre de Frédéric Febvre nous raconte non seulement la vie de l'acteur, les étapes de cette carrière faite d'amour ardent du théâtre, de noble ambition artistique, mais aussi il nous montre bien des physionomies disparues, nous rappelle bien des faits prêts à s'échapper de nos mémoires.

Les anecdotes y fourmillent, les mots des Dumas et de tant d'autres. « As-tu remarqué une chose, lui » dit un jour Alexandre Dumas père en lui montrant » des voitures qui dépassaient la sienne, c'est tou- » jours la voiture dans laquelle on n'est pas qui va » le plus vite. » Au foyer de la Porte-Saint-Martin, l'auteur nous montre Gérard, le tueur de lions, celui qui disait que pour tuer le lion il ne fallait être que deux : soi et le lion ; puis c'est Abd-el-Kader, conduit par le général Fleury et ne cessant d'égrener son chapelet ; puis c'est Gérard de Nerval qui, en sortant de là, va se pendre rue de la Lanterne, et tant d'autres ! Viennent les aventures de théâtre, gaies souvent, dramatiques parfois, comme à cette représentation de *Schamyl,* où une main criminelle avait glissé des balles dans les fusils qui devaient tirer sur lui et un autre artiste ; puis c'est le billet de ce collégien qui écrit à madame Doche, dans le grand succès de *la Dame aux Camélias* : « Demain, ma » pension passera sous vos fenêtres, vous me recon- » naîtrez à ma pâleur. »

Il n'y a pas dans le *Journal d'un Comédien* que des aventures de théâtre ; comme artiste, Febvre a mis le pied dans toutes les cours de l'Europe et y a été reçu avec la sympathie qui a toujours accueilli nos grands artistes. On y trouvera sur les cours de Russie et d'Angleterre, sur celle de France aussi, de curieuses notes. J'y trouve celle-ci qui fait tout à fait honneur au caractère de l'Empereur. Napoléon III avait horreur des précautions que prenait la police pour sa personne et de l'importance qu'elle donnait aux moindres événements. Un jour, M. Piétri se présente tout effaré à la porte du cabinet de l'Empereur : « Sire ! le duc d'Aumale est à Paris ! — Mon Dieu ! fait aussitôt le souverain, qu'on veille bien sur lui ! qu'il ne lui arrive rien ! » Très singulière aussi, au point de vue artistique cette fois, l'entrevue de Victor Hugo, à qui l'on présente Léo Delibes qui avait écrit les adorables mélodrames du *Roi s'amuse*, et qui lui répond quand il lui demande son avis sur sa musique : « Elle ne me gêne pas ! » On le croit facilement, car si l'œuvre de Victor Hugo est restée un chef-d'œuvre, celle de Léo Delibes en est un autre dans sa proportion.

En résumé, deux volumes pleins de faits et de curieux détails sur une belle carrière théâtrale trop tôt abandonnée, selon nous, par M. Frédéric Febvre.

Deux préfaces précèdent chaque tome, l'une de M. Jules Claretie, l'autre d'Alexandre Dumas.

LXIV

HENRI ROCHEFORT

LES AVENTURES DE MA VIE

DEUXIÈME PARTIE

La plus grande partie du dernier volume des *Aventures de ma vie*, de Henri Rochefort, est consacrée aux événements et aux explications des événements qui se sont produits quand le général Boulanger devint chef d'un parti qui tint le gouvernement en échec et le mit à deux doigts de sa perte. On a cherché bien loin la raison de la fortune subite du général. Je crois qu'il ne la faut pas voir autre part que dans le mécontentement très justifié de la majorité des Français, écrasés d'impôts, blessés dans leurs convictions, et voyant substituer un despotisme, inconnu des tyrans, à toutes les libertés promises et cyniquement escamotées. On se brouillerait à moins. De fait, il y eut un moment où, si le général Boulanger l'avait voulu, il serait entré à l'Elysée tout comme un autre ; il ne le voulut pas, et Rochefort reproduit les raisons qu'il donna de son inaction en cette circonstance. Il en ajoute une autre qu'on trouvera développée dans les pages où il parle de madame de Bonnemains ; il s'agit du moment où le général crut devoir passer la frontière :

« Il céda également à une autre influence dont je me verrai quelquefois obligé de parler ici et qui finit par l'absorber à peu près totalement, celle de madame de Bonnemains. Elle crut utile pour lui et, je crois, surtout pour elle, qu'il n'échappât pas, fût-ce pour entrer en prison, à sa domination immédiate et, peut-être afin de le posséder sans partage, l'entraîna-t-elle hors de tout ce qui pouvait, même momentanément, le détourner d'elle. »

Plus loin, ce portrait inattendu de l'amie du général, que la légende paraît avoir fort embellie :

« Ce fut à Jersey où il logeait encore à l'hôtel, que j'entrai pour la première fois en relations avec elle ; je l'avais seulement aperçue de loin à Londres, soit au théâtre, soit à Hyde-Park, dans sa voiture.

» Elle était alors plantureuse et presque trop grasse. Je la retrouvai sensiblement amaigrie et amincie. Elle était en outre en proie à une toux qui dégénérait presque en hoquet et n'annonçait rien de bon. Boulanger aimait à s'illusionner et semblait ne pas s'apercevoir de cet état maladif.

» Est-ce à la suite de la perte de ses espérances que la phtisie s'était ainsi abattue sur elle ? On me donna sur cette rapide altération de sa santé une explication qu'il m'eût été impossible de vérifier. Madame de Bonnemains était affligée, m'assure-t-on, d'une dentition assez mauvaise, les deux palettes de devant avançant en outre disgracieusement au point de sortir complètement de la bouche.

» Elle se serait décidée à faire le sacrifice d'un certain nombre de ces vilaines dents et celles qui les avaient remplacées fonctionnant mal, elle éprouvait à mastiquer les aliments une grande difficulté. Elle en avait pris l'habitude de manger à peine, et cette abstinence presque complète avait insensiblement amené un rétrécissement de l'estomac qui finit par devenir mortel.

» Et, en effet, dans les nombreux repas que nous prenions souvent ensemble, je l'ai toujours vue faisant semblant de porter à sa bouche d'imperceptibles morceaux de viande qu'elle n'y introduisait même pas. C'est tout au plus si elle avalait une ou deux cuillerées de potage et goûtait à un fruit. Ce régime ne pouvait évidemment la mener bien loin. »

Et, plus loin cette conclusion, quand il a reçu du général le télégramme lui annonçant la mort de madame de Bonnemains : « Tout est fini. Je suis bien malheureux : »

« Ce fut sur lui que je m'apitoyai. Non pas seulement parce qu'il est convenu que ceux qui restent sont plus à plaindre que ceux qui s'en vont, mais parce que, dans ce roman de l'exil, il avait, beaucoup plus qu'elle, mis toute sa vie. Il n'y avait de lui rien qui ne fût à elle. Je n'oserais pas affirmer qu'il n'y eût rien d'elle qui ne fût à lui. »

Suivent bien d'autres pages curieuses, ne seraient-ce que celles où Rochefort avec l'humour, la façon de voir qu'on lui connaît, raconte ses impressions sur Londres et l'Angleterre.

« Toute la législation anglaise, qui étonne au premier abord par son originalité, mais dont on reconnaît bientôt la loyauté et la précision, semble avoir été établie sur ces deux points capitaux : le respect de la liberté individuelle et l'observation des contrats.

» Cet hommage rendu au droit des gens s'étend jusque sur la dignité des femmes qui l'ont le plus notoirement perdue. Légalement et textuellement, la fille publique n'existe pas à Londres, bien que Regent's Street, Oxford Street et Haymarket soient encombrés de baladeuses en quête d'aventures.

» Vous leur demandez à les accompagner à leur domicile. Elles acceptent, mais ce peut être aussi bien pour vous conter leurs malheurs, que pour vous faire cadeau de leurs charmes. Toute la différence que l'usage établit entre des femmes honnêtes et elles, c'est que celles-ci sont généralement appelées des « désespérées, » bien que leur désespoir se révèle à leurs consolateurs d'une façon toute spéciale. »

Qui ne reconnaîtrait Rochefort dans tout ce qu'il écrit et qui pourrait trouver une différence entre la verve de sa jeunesse et celle d'aujourd'hui. On lira aussi avec curiosité, dans ce livre bondé de faits, le chapitre consacré à un petit garçon de cinq ans, et que sa royale extraction n'empêche pas de jouer avec le farouche Rochefort, comme il devrait le faire avec son père... s'il en avait un.

LITTÉRATURE
HISTORIQUE ET DOCUMENTAIRE

I

M. DE PERSIGNY

MÉMOIRES

On vit à la cour de Napoléon III un homme qui fut plus bonapartiste que Louis Bonaparte, plus impérialiste que l'Empereur, ce fut M. Fialin de Persigny ; l'excès de son zèle fit sa perte, et sa disgrâce n'étonna personne quand on sut aux Tuileries qu'il avait commis cette inconcevable gafferie (le mot vient de Brantôme) de rédiger un mémoire pour persuader à l'Empereur qu'il était de son intérêt et de celui de l'Etat de retirer à l'Impératrice le droit de présence au Conseil qui lui avait été accordé. Avec une candeur qu'on ne saurait supposer à un homme qui avait assez vu de la vie pour la connaître, il déclaré, dans ses *Mémoires* qui viennent de paraître, qu'il avait pris toutes les précautions de langage pour adoucir sa pensée. Afin de faire mieux connaître l'esprit de sa

protestation, car c'en était une dans le sens le plus absolu du mot, M. de Persigny dit, en forme d'avant-propos à la lettre qu'il écrivit à l'Empereur : « Depuis
» longtemps je gémissais de la situation faite à l'Em-
» pire et surtout de cette série d'échecs que notre
» politique au dehors et au dedans ne cessait de
» subir. Affaires de Pologne, de Danemark, de Mexi-
» que et d'Allemagne, élections de Paris et faiblesses
» à l'intérieur, tout cet ensemble de fautes avait be-
» soin d'être expliqué. Or, en cherchant les causes de
» chacune de ces fautes, j'en trouvais une toujours
» prépondérante, toujours la même, l'influence de
» l'Impératrice. »

On juge, rien que par ces quelques lignes, du ton général de la missive. Ce fut le 11 novembre 1867 qu'il l'adressa à l'Empereur, espérant que celui-ci n'en donnerait pas connaissance à l'Impératrice. Mais, ajoute M. de Persigny, par une fatalité singulière, cette pièce tomba d'abord sous les yeux de l'Impératrice elle-même. L'Empereur était souffrant ce jour-là, il gardait le lit et ce fut l'Impératrice qui, sur l'invitation de l'Empereur, ouvrit le paquet et le lut la première ! On devine l'effet produit par cette lecture inattendue. Avec une trop rude franchise, le duc de Persigny y insiste sur l'impopularité de l'Impératrice en qui le public croit retrouver des sentiments reprochés aux Bourbons, sur les causes d'échecs qu'on lui reproche, sur ses tendances cléricales, ses maladresses avec l'Autriche, son luxe, son amour des plaisirs ; il souligne l'embarras où se trouvent les ministres quand, au Conseil, l'Empereur et l'Impératrice ne sont point d'accord ; sont-ils tous assez indépendants de conscience et d'intérêts pour savoir à quel avis ils doivent se ranger ? il suffirait qu'elle fît partie d'un Conseil secret ; la conclusion de tout ceci est qu' « il est im- » possible de ne pas reconnaître que la présence de » l'épouse d'un souverain dans le Conseil des minis- » tres est dangereuse pour l'Etat ».

Le duc de Persigny reçut deux lettres en réponse à cette note, l'une de l'Empereur, l'autre de l'Impératrice ; on en peut deviner la teneur puisque l'Empereur se refusa à sacrifier l'Impératrice, déclarant qu'il voulait qu'elle assistât au Conseil comme auparavant. Persigny, qui, décidément, n'était pas l'homme de cour qu'on eût pu croire, répondit par une lettre à l'Impératrice et, toujours inconscient de la situation, il s'y efforçait de la convaincre de la justesse de ses arguments et de la ranger à son avis ! « En prenant » le généreux parti de se retirer du cercle officiel des » affaires, disait-il, Votre Majesté mettra fin à une » situation dangereuse pour elle, dangereuse pour » l'Empereur et pour son fils. » Franchement il eût fallu que l'Impératrice fût une sainte pour ne pas se sentir blessée par une semblable insistance ; elle le fut et le duc eut bien des fois l'occasion de le constater.

Voilà, certes, une grande imprudence, et l'histoire des Cours en rapporte peu qui puissent lui être comparées. Néanmoins, j'avoue que, sans me préoccuper du bien ou du mal fondé des opinions de M. de Persigny en cette circonstance, je ne puis me défendre de trouver une certaine grandeur à cette maladresse. C'est qu'elle porte la marque d'un dévouement qui ne veut pas réfléchir, dédaigneux des dangers auxquels il s'expose ; c'est qu'à tort ou à raison, celui qui la commettait ne songeait ce jour-là qu'à son pays, qu'à son maître qui était son ami. Pour dire ce qu'il croyait la vérité, le duc de Persigny allait au-devant d'une disgrâce bien facile à prévoir et qui, d'ailleurs, l'attendait. Rien ne sut l'empêcher, ni ce jour-là ni d'autres, de rester ce qu'il était, avec des qualités aussi redoutables pour lui-même que ses défauts ; mais le tort de l'Empereur, qui l'avait vu à l'œuvre, fut d'oublier les unes pour ne se souvenir que des autres. A dater de ce jour, la défaveur qui l'avait déjà atteint s'accentua davantage, et M. de Persigny put bientôt aller rêver, sous les ombrages de Chamarande, à l'inconstance des choses et des hommes.

La vérité, c'est que l'Empereur, qui avait vu à l'œuvre son intrépidité à Strasbourg, à Boulogne et à Paris et qui savait que son courage à défendre ses opinions ne lui cédait en rien, qu'il allait même parfois jusqu'à la violence, en était arrivé à redouter de le voir prendre la parole au Conseil. Comme homme d'action il l'estimait à sa juste valeur, mais le moment des énergies, des coups de main était passé, et il désirait maintenant des conseillers plus calmes. L'Empereur, en un mot, trouvait qu'il s'exagérait la devise de ses armes : « Je sers, » et le ramenait au calme quand il le pouvait. Tantôt il lui écrivait : « Quand on occupe une position officielle comme la « vôtre, il faut se pénétrer de cette vérité qu'on n'est pas maître de développer ses idées personnelles, quelque bonnes et utiles qu'elles soient, » et plus loin : « Vous ne devez rien faire sans mon consentement. » Lui-même, dans ses *Mémoires*, rappelle qu'un jour l'Empereur lui dit : « Ah ! Persigny, quel malheur que vous soyez si colère ! — Hélas ! lui répondit-il, c'est en effet bien malheureux pour moi, puisque ce défaut est une des causes, un des prétextes qui me tiennent éloigné de votre personne ; mais ce qui est bien malheureux, c'est que vous ne soyez pas colère vous-même. Car si vous ne pouviez vous empêcher de laisser éclater votre indignation devant le mal, l'injustice ou l'intrigue, tout le monde ferait son devoir autour de vous, tandis que personne ne le fait ! »

Ce qu'il faut ajouter, c'est que l'amitié de M. de Persigny pour l'Empereur était une amitié absolue, jalouse et qui n'admettait pas de partage. M. Rouher et M. Fould s'en aperçurent bien vite et, meilleurs

courtisans, plus diplomates que le duc, ils arrivaient toujours à faire triompher leurs idées, M. de Persigny apportant toujours, dès les premiers mots d'une discussion, tant de violence de langage que ses causes, si bonnes fussent-elles, étaient régulièrement perdues d'avance. Les portraits qu'il fait de ces deux hommes, qui jouèrent un si grand rôle auprès de Napoléon III, sont vigoureusement, sinon fidèlement tracés ; c'est d'une main mal assurée qu'on dessine dans la colère :
« M. Rouher, l'homme des *rouhereries*, comme disait
» l'Empereur, déguisait le vide de ses idées et le
» manque de ses résolutions sous les éclats de sa fa-
» conde... l'intrigue était son élément et personne ne
» la maniait plus habilement que lui. Trahissant tout
» le monde, même ses meilleurs amis, quand il avait
» intérêt à le faire, il ne laissait jamais subsister les
» traces de la trahison... Quel malheur pour un sou-
» verain et pour un pays de tomber en de pareilles
» mains ! »

M. Fould ne se trouve guère mieux traité dans ces Mémoires qui, bien que révélant des faits très curieux, sont plutôt justificatifs qu'anecdotiques. Il faut cependant signaler la séance du Conseil rapportée dans le chapitre intitulé : « Sadowa, » où l'on voit poindre l'aube des jours terribles qui devaient luire sur la France. Pendant toute la première partie de la séance, M. de Persigny garda le silence, blessé qu'il se sentait d'avoir été depuis si longtemps mis à l'écart. En vain l'Empereur le consultait-il du regard, le duc ne bronchait pas. « Quant à l'Impératrice, ajoute-t-il, dont la curiosité n'avait probablement pas un mobile aussi sérieux que l'Empereur, et qui ne voulait sans doute entendre mon avis que pour avoir, selon sa coutume au Conseil, l'occasion de batailler avec moi, elle se montrait encore plus impatientée de mon silence. Non seulement elle lançait de mon côté ce flot impétueux de paroles qui lui est habituel, mais à chaque instant elle m'adressait des espèces d'interrogations, des N'est-ce pas ? » des « Ne croyez-vous pas ? » dont j'avais beaucoup de peine à me dégager respectueusement. Enfin, n'y tenant plus, l'Empereur m'interpella directement : « Et vous, Persigny, me dit-il, pourquoi » ne dites-vous rien ? » Alors, avec cette franchise brutale dont malheureusement il ne m'est pas toujours possible de contenir l'expression et qui m'a été si nuisible dans le cours de ma vie, je réponds brusquement : « Parce que je ne sais pas parler pour ne » rien dire, comme on le fait depuis deux heures. »

Et il parla ! et ce qu'il dit dut singulièrement impressionner l'assistance, car c'était la vérité qu'il disait, l'avenir qu'il dévoilait.

C'est un curieux et cruel voyage dans le passé que la lecture de ce livre où se trouvent de nouveaux documents sur de bien grandes questions, où l'on voit se préparer des événements comme l'unification de l'Allemagne. Les entrevues de M. de Bismarck avec M. de Persigny sont très significatives, et l'on se demande aujourd'hui par quelle aberration on n'a pas tenu compte des avertissements qu'elles contenaient. Bien plus, il est tel chapitre où l'on voit M. de Persigny donner des conseils à M. de Bismarck qui les lui demande, pour la façon dont il doit se conduire dans les difficultés politiques qui s'élèvent dans son pays. L'Impératrice reprocha vivement à M. de Persigny le conseil donné à M. de Bismarck, ce en quoi le duc dut reconnaître qu'elle n'avait pas tort. Bismarck venant en France demander conseil pour se conduire et se préparer à l'écraser, n'est-ce pas là un comble !

Outre ces hautes questions, le duc de Persigny aborde dans ses *Mémoires* celles qui passionnèrent la politique de son temps, les causes de la guerre de Crimée, les premiers temps de l'Assemblée législative, les projets de réforme administrative, les causes de l'attitude de la France en 1866, la législation de la presse, la caisse des travaux publics, les raisons de sa mission en Allemagne ; il nous donne de curieux portraits de Lamoricière, de Bugeaud, de Thiers qu'il juge sévèrement, plus que ne le faisait l'Empereur qui ne voyait en lui qu'un homme sans caractère, mobile et impressionnable comme un artiste, n'obéissant qu'aux impressions du moment, à des raisons personnelles, incapable enfin de dominer des circonstances difficiles.

Toujours préoccupé des intérêts de son maître, le duc de Persigny apparaissait souvent là où on l'attendait le moins ; il faut lire sa protestation adressée à l'Empereur contre la nomination d'un duc de Montmorency avant que la race en fût éteinte en la personne du prince de Luxembourg. Sans contester les titres de celui à qui l'Empereur voulait octroyer cette faveur, il écrit un mémoire de protestation, combattant, lui bonapartiste, pour le respect du faubourg Saint-Germain. L'affaire vint devant les tribunaux : ils donnèrent raison à l'Empereur et à M. de Périgord, qui venait d'être fait duc de Montmorency. On dit que, dans un mouvement de mauvaise humeur, M. de Persigny s'écria : « Ces juges sont si plats et si bêtes que, pour plaire à tout le monde, ils autoriseraient le duc à signer : duc de Périgord, pendant la saison des truffes, et duc de Montmorency, pendant les cerises ! » Je tiens l'anecdote d'Alexandre Dumas fils qui, le jour où il me la raconta, prêtait sans doute un peu de son esprit à l'ami si dévoué de l'Empereur.

Chose inexplicable, les terribles événements qui amenèrent la fin de l'Empire ne rapprochèrent pas les deux amis d'autrefois, l'Empereur et le duc de Persigny. Ce dernier, toujours indigné de voir le peu de cas qu'on avait fait de ses conseils, eut le tort de le trop témoigner dans un voyage qu'il fit en Angleterre, et rompit ainsi les derniers liens d'une réelle amitié. Lorsqu'il sentit sa fin venir, il regretta, dit-on, ses vivacités et écrivit plusieurs fois à l'Empereur déchu ; celui-ci ne fit d'abord aucune réponse à ses lettres. Le sachant malade, il lui écrivit cependant à Nice ; — la lettre de Napoléon III arriva le lendemain du jour où Persigny était mort.

II

LIEUTENANT WOODBERRY

JOURNAL

Parmi les ouvrages récemment parus et qui apportent un appoint à l'Histoire, sous forme de précis ou de mémoires, je signalerai un livre de haut intérêt : le *Journal du Lieutenant Woodberry*, traduit de l'anglais par M. Georges Hélie et contenant des détails sur les campagnes de Portugal et d'Espagne, de Belgique et de France, de 1813 à 1815. La partie la plus intéressante de ces Mémoires est sans contredit celle où sont rapportés les derniers moments de l'Empire, la bataille de Waterloo et la campagne de France.

Avec une rare probité d'historien, Woodberry raconte sans passion les faits qu'il a constatés ; on n'y sent nulle haine contre la France, mais le souci de la vérité ; ce sont de magnifiques pages, dans leur simplicité, que le récit de ces terribles jours où, malgré

les efforts de son génie, Bonaparte vit la victoire lui échapper, l'arrivée imprévue des Prussiens qui apportaient aux coalisés le contingent de leur nombre pour nous écraser. « Rien n'égale, dit-il, la gran-
» deur du spectacle qu'offrit l'attaque de notre centre.
» Plus de deux cents pièces de canon ouvrirent sur
» nous un feu épouvantable. Sous le couvert de la
» fumée, Buonaparte fit une attaque générale avec la
» cavalerie et l'infanterie, en tel nombre qu'il fallut
» toute l'habileté de Wellington pour disposer ses
» troupes et toutes les bonnes qualités de ces troupes
» elles-mêmes pour y résister. Ensuite les Prussiens
» arrivèrent derrière l'ennemi. La cavalerie française
» exécuta une charge brillante, mais rien ne pouvait
» changer la destinée de cette journée, l'armée fran-
» çaise était défaite. L'admiration de tous est due à la
» bravoure déployée par la cavalerie française. »

C'était la fin que cette arrivée de Blücher, comme l'a dit Barthélemy :

> Alors on vit paraître à l'horizon lointain
> Un Blücher, un vieillard prête-nom du destin.
> Le ciel laissa tomber un atome de sable
> Sur le géant que tous jugeaient impérissable,
> L'aigle aussitôt perdant son foudre accoutumé
> S'abîma dans la nue, et tout fut consommé !

Un point curieux à constater dans le *Journal* du lieutenant Woodberry, c'est l'horreur qu'il témoigne pour la cruauté, les actes de sauvagerie inouïe des

Prussiens entrés en France avec l'aide des peuples alliés. « Le prince Blücher a promis à son armée que si les Français défendent Paris, il autorisera le pillage des deux faubourgs Saint-Germain et Saint-Antoine. » Une phrase naïve suit : « Nous pensons tous plus au butin à faire à Paris qu'au danger même de prendre Paris. » C'est purement épouvantable. Si les Prussiens de cette époque ne valaient guère moins que ceux de 1870 et peut-être de 1896, il faut ajouter que les Anglais reculaient si peu à l'idée de « faire du butin » que lorsque les alliés redemandèrent par exemple au Louvre des œuvres d'art prises dans leurs musées par Napoléon, les Anglais en réclamèrent aussi, et en emportèrent, bien qu'on ne leur eût jamais pris ni une statue ni un tableau. Pour revenir au livre du lieutenant Woodberry, concluons en disant qu'il peut être mis au nombre des récits les plus impartiaux de nos guerres qui aient été publiés à l'étranger.

III

GÉNÉRAL TROCHU

ŒUVRES POSTHUMES

Les *Œuvres posthumes du général Trochu* viennent d'être publiées en deux volumes. Que le général Trochu n'ait pas été à la hauteur de sa mission, qu'il n'ait pas tiré parti de l'activité, de la fièvre de combattre des Parisiens, c'est chose possible et que je n'ai pas à examiner ; mais en lisant ces Mémoires, et bien que le général, éprouvant le besoin de se défendre publiquement de certaines accusations, ait jadis fait preuve d'hostilité envers la presse, on ne peut méconnaître l'entière bonne foi qui l'a guidé dans sa vie. Son manque de clairvoyance, de connaissance des hommes, son ignorance de l'effroyable responsabilité qu'il acceptait, rien de cela n'est douteux aujourd'hui, mais c'est bien le moins qu'on puisse accorder à sa mémoire que d'écouter les explications qu'il donne au delà de la tombe. Lui-même ne reconnaît-il pas son erreur quand, avec une grande mélancolie, il écrit :

« Je rêvais d'une population parisienne oubliant devant la grandeur du péril commun ses griefs contre l'Empire, pour s'associer à l'effort suprême que nous allions faire avec lui ; de Paris avec ses immenses ressources, mis en état de défense par le travail de cent mille bras, et, à bref délai, rendu imprenable ; de l'armée du maréchal de Mac-Mahon, reconstituée dans son moral et dans son organisme, portée à un minimum de deux cent mille hommes ; surveillant, au point de concours de nos chemins de fer, l'arrivée des colonnes prussiennes ; fondant sur elles, les accablant, revenant au centre pour se refaire et retournant au combat soutenue par les vœux, exaltée par les applaudissements des patriotes de tous les partis ; de l'armée allemande, s'épuisant en efforts devant cet invincible obstacle, appelant à elle des réserves, forcée de s'affaiblir autour de Metz et de rendre à l'armée du maréchal Bazaine assez de liberté pour qu'elle pût agir sur les flancs, sur les derrières de l'invasion ! »

Quel beau songe et quel cruel réveil ! Il eût suffi au général de se promener incognito dans Paris, d'écouter les parleurs des boulevards, pour savoir que les partis ne désarment jamais. Moi-même j'ai entendu un homme, coiffé d'un képi, dire au milieu d'un groupe, rue Rossini : « Je me contenterais de l'Ile de France, pourvu que nous soyons débarrassés de Napoléon et que nous ayons la République ! » Malheureusement, il n'était pas seul à penser ainsi, et nos désastres l'ont assez prouvé. Quant au général Trochu, s'il était discuté ici, chose singulière, il était en haute estime au delà des frontières, et je me souviens, sortant de Paris après le siège, avoir entendu des officiers italiens faire son grand éloge à une table d'hôte de Turin. Je ne saurais oublier, aujourd'hui que l'Italie s'est livrée à la Prusse, que l'un d'eux s'adressant à moi, comme Français sortant de Paris assiégé et affamé, m'affirma que les sympathies de l'armée étaient pour notre pays, et ferma la conversation par ces mots : « L'Italie serait bien sotte de rire quand la France pleure ! »

Comme le *Figaro* avait reproduit toutes les accusations portées contre Trochu, celui-ci lui intenta un procès, auquel prirent part comme défenseurs : MM. Allou, Lachaud et Grandperret ; et, comme témoins : le général comte de Palikao, le général Changarnier, le maréchal de Mac-Mahon, l'amiral Jurien de La Gravière, MM. Jules Favre, Pietri, Schneider, Rouher, Magne, etc., etc. Les débats eurent un très grand retentissement, le général se défendit lui-même, sans éloquence mais avec une grande chaleur. On ne put faire avouer au général Changarnier si, oui ou non, il avait dit, en parlant de Trochu : « C'est Tartuffe, coiffé du casque de Mangin ! » Rien ne fut plus curieux que la façon évasive avec laquelle il répondit à toutes les questions à ce sujet. Bref, le *Figaro* fut, malgré les accusations du général, acquitté du chef de diffamation (c'était le point capital du procès), et condamné seulement pour outrages.

Mais là n'est pas l'intérêt de ces deux gros volumes, et, outre la justification du général Trochu, on y trouvera de nouveaux documents sur le siège de Paris, la Société, l'État et l'Armée à cette époque. Le second volume est suivi d'un appendice — l'Histoire anecdotique — rempli de renseignements intéressants sur Bazaine, la guerre de Crimée, Saint-Arnaud, l'abdication de Louis-Philippe, le maréchal Bugeaud, etc., etc. C'est une lecture très attachante que celle de ces Mémoires qui évoquent tant de souvenirs et de réflexions. Dans la défaite de Napoléon III Victor Hugo n'a voulu voir, en un admirable poème, que l'expiation infligée à Napoléon Ier pour avoir fait le 18 Brumaire ; mais, en considérant le silence qu'a gardé l'Europe pendant l'écrasement de la France, ne peut-on pas aussi voir le souvenir qu'elle conservait des cruautés de notre Révolution qui, non seulement suppliciait si inutilement le Roi, sa femme et sa sœur, mais laissait organiser les massacres de Septembre. Et n'était-ce pas plutôt comme représentant de cette Révolution qui avait ensanglanté le monde que comme successeur de l'homme du 18 Brumaire qu'elle laissait succomber le dernier Bonaparte ? N'était-ce pas là la véritable expiation ?

IV

GÉNÉRAL BARON PAULIN

SOUVENIRS

Parmi les Mémoires militaires qui paraissent chaque jour je dois signaler les *Souvenirs du général baron Paulin* (1782-1876). Le capitaine du génie Paulin-Ruelle, petit-neveu du général, a très bien résumé, dans un avant-propos, la vie de l'auteur de ces Mémoires qui ne nous révèlent pas seulement en ce militaire la bravoure et l'intelligence, mais aussi une âme sensible et délicate, chose rare chez ces hommes habitués à la vie des camps, durs pour les autres comme pour eux-mêmes.

Dès le début de ses études, le père de celui qui devait être le général Paulin se dirigea vers les sciences mathématiques, le dessin et l'architecture ; de là l'éducation que reçut notre héros, éducation quelque peu sévère, comme on en jugera. Bien qu'il fût d'une santé délicate, sujet, dit-il, à des divagations d'esprit, à des bourdonnements dans le cerveau, son père, pour qu'il ne perdît pas un seul instant qui pût être employé utilement à son instruction, le faisait coucher à côté de lui et, avant de le laisser s'endormir, lui faisait réciter ses leçons. On se figure les rêves d'un enfant bercé de la sorte. Heureusement, celui-ci profita de ce mode d'étude et devint vite un distingué officier du génie. Naturellement, son père, comme presque tous les gens de cette époque, embrassa avec ardeur les idées nouvelles, dépouilla sa famille de tous ses biens pour venir en aide à la République naissante. On sait ce qu'il résulta de ces grands dévouements et pour les citoyens et pour la France : la ruine immédiate pour tous et l'envahissement du pays plus tard.

Les événements se déroulent rapidement et bientôt voilà notre jeune officier à l'armée de Naples. De même que le père s'était épris de la liberté nouvelle, le fils sentit vite l'ascendant du héros qui prouvait à l'Europe que la France n'était pas tombée si bas que l'avaient fait croire ceux qui s'étaient d'abord emparés du pouvoir. C'est de l'amour, c'est de l'adoration que Paulin professe pour l'Empereur, ne permettant pas qu'on le discute seulement — même à propos de la campagne de Russie ; quelques lignes à l'adresse du comte de Ségur le prouvent du reste. Ses rancunes, d'ailleurs, sont durables, même s'il s'agit de choses très petites à côté des terribles événements qui devaient le préoccuper ; il consigne ce fait dans la partie de ses Mémoires consacrée à la guerre de Pologne.

« Cette nuit-là, l'égoïsme de Marcelin Marbot se montra à nu et m'inspira, à son égard, un sentiment qui ne s'est jamais effacé. Comme je le disais plus haut, nous mourions de faim. Il était deux heures de la nuit, et, pour ma part, j'étais à jeun depuis onze heures du matin. A notre feu de bivouac j'aperçois Marbot mangeant des pommes de terre qu'il faisait cuire sous la cendre. Une seule de ces pommes aurait calmé un peu mon pauvre estomac, et je la demandai à Marbot. Quelle fut ma surprise à cette cynique réponse : « A la guerre, mon cher, chacun sa pomme de terre, » et m'en montrant une dans la main droite, une autre dans la main gauche : « Celle-ci pour aujourd'hui, celle-là pour demain. » Heureusement, mon domestique, admirablement dévoué, put me procurer de quoi ne pas mourir de faim cette nuit-là et me porta trois pommes de terre que lui donna, je crois, un sergent de grenadiers.

» Marbot, fort débrouillard à coup sûr, avait su éviter la disette qui nous accablait tous. Ainsi il avait dans son porte-manteau un superbe dindon. En quel lieu, avec qui, mangea-t-il la bête qui pendant plusieurs nuits lui servit de voluptueux oreiller ? Je l'ignore, mais, en tout cas, ce ne fut avec personne de notre état-major, où pourtant régnait une vraie et bonne camaraderie. »

Rien de plus saisissant, par exemple, que les pages consacrées à la meurtrière bataille d'Eylau. Le général s'est endormi au bivouac, sur une botte de paille :

« Deux heures avant le jour, un vent froid, humide, me réveilla. Pendant toute la nuit, autour de moi, le bruit avait été continuel ; de temps en temps quelque chose tombait sur mon manteau ou sur le chapeau que j'avais mis sur mes yeux. Habitué à la gêne des voisins au bivouac, harassé de fatigue, j'avais résisté à tout ce qui aurait pu m'éveiller.

» Que vis-je, en ouvrant les yeux ? Le ciel, ou plutôt la voûte brumeuse d'un brouillard intense ; j'avais les habits transpercés d'humidité. De la grange où j'avais gîté, plus de traces ; parois, charpente, chaume, tout avait disparu ; il ne restait que le poteau où mes trois chevaux étaient attachés. Tout avait été enlevé par les troupes voisines, pour nourrir les chevaux ou alimenter les feux de bivouac.

» Avant de m'endormir, ce soir-là, avec quelques officiers d'état-major, j'avais regardé vers le nord, où l'obscurité du ciel était de temps en temps coupée par de longs éclairs rougeâtres, par des myriades de jets de feu rasant le sol. On eût dit d'un feu d'artifice, mais on n'entendait rien ; pour nos yeux expérimentés, cela voulait pourtant dire : « On se bat là-bas. »

» Et ce là-bas, c'était Eylau, d'où les Français chassaient les Russes, après un épouvantable combat de nuit. »

Et plus loin ce curieux portrait d'Augereau pendant la bataille :

« Dans cet instant, je me trouvais placé à côté du maréchal, à sa droite : grave, il ne proférait pas une parole. Moins aguerri que lui, je me sentais frissonner, lorsqu'un boulet, avec ce bruit flasque du fer qui s'enfonce dans une masse peu résistante, traversa, par le dos, le corps du capitaine du génie Fossarde, qui était botte à botte avec moi. D'instinct je tournai la tête vers le maréchal comme pour le prévenir du danger qui le menaçait. Je vois encore, je verrai toujours le regard qu'il me lança pour me dire de maîtriser mon émotion dans une situation qui exigeait tant de sang-froid. C'était toujours la sévère figure des campagnes d'Italie, cette haute stature, ce coup d'œil incisif et ce nez de grand oiseau de proie ; c'était toujours cette tête, aux traits si fortement caractérisés, qu'enveloppait, à la manière des guérilleros, un grand mouchoir blanc, duquel, sur chaque tempe, s'échappaient les boucles d'une chevelure en désordre, dépoudrée, ondulant au vent. Il portait son chapeau à plumes blanches, la corne en avant, de travers sur le côté droit ; le pantalon blanc, les bottes à retroussis jaunes, d'où pendaient deux grands tirants, selon la mode du temps.

» A peine eut-il réprimé par ce regard expressif l'impression qu'il avait vue se manifester sur mes traits, que lui-même il est heurté, entraîné, renversé par une multitude effarée. Il tombe d'un coup, dans cette mêlée, avec son cheval, complètement engagé sous sa monture. Ce n'est qu'avec les efforts réunis de tous ceux qui l'entouraient qu'on parvient à le relever. Le maréchal chancelle, sous l'étreinte de la douleur ; mais, heureusement, cette douleur n'est que le résultat de sa chute ; il a reçu, à la hanche gauche, une très forte contusion, causée par la coquille de son épée prise entre le sol et lui, pendant qu'il était sous son cheval. »

Puis c'est le portrait de Murat, étincelant de parures, empanaché, chargeant la cravache à la main ; celui de l'Empereur, crotté jusqu'à l'échine, malpropre, la barbe longue, les éperons souillés, les gants noircis par la bride des chevaux qu'il a fatigués dans le combat et enfin l'entrée dans Eylau.

« Le 9 février, nous cherchâmes à faire dans Eylau un semblant d'installation pour les quelques jours que nous pensions y rester. Dans quel dégoûtant et horrible désordre était cette malheureuse ville, saccagée, à moitié brûlée ! Les rues étaient littéralement pavées de cadavres et de lambeaux humains à moitié enfoncés dans la boue, écrasés par le passage continuel des canons, des cavaliers, et piétinés par les masses d'infanterie.

» Les plaies vertes, triangulaires, des coups de baïonnette ; les corps bleuis, gonflés, broyés, tout cela aurait fait hérisser les cheveux sur la tête des plus insensibles. Les blessés russes ou français, pêle-mêle, les habitants mornes, hâves, mourant de faim, pleurant sur les débris de leurs demeures, formaient le spectacle le plus émotionnant qu'on puisse imaginer.

» Et à côté de ces horreurs s'étale à chaque pas l'insouciance, née de l'habitude de tels spectacles. Chacun va, vient, vaque à son service, cherche des vivres pour ses hommes, pour ses chevaux, pour soi. »

Que de choses dans ce livre si vivant ! Que de détails curieux, comme celui qui nous montre, à Wagram, l'Empereur couché tout de son long, brisé de fatigue et endormi dans un sillon ! Et la guerre d'Espagne, et la campagne de France, et bien d'autre combats encore ! J'ai signalé plus haut le sentiment d'humanité qui, contrairement aux habitudes militaires du temps, apparaît souvent dans les Mémoires du général Paulin. Je crois que la scène, d'où j'extrais un passage, se produisit aux environs de Dantzig.

« Le capitaine du génie Blanc, mon camarade, joignait aux talents et à la bravoure calme de l'officier du génie, l'audace et le mépris de la vie. Epiant tous les mouvements de l'ennemi, il assistait à toutes les rencontres et souvent faisait le coup de fusil comme un simple grenadier. Un jour, je me joignis à lui ; comme deux chasseurs à l'affût, nous nous portâmes à un retour du couronnement du chemin couvert. De là, nous apercevions, blottis contre le talus intérieur du parapet, une vingtaine de soldats prussiens attendant une occasion pour tomber à l'improviste sur nos travailleurs. Ils ne pensaient pas que nous pouvions les prendre de flanc. Blanc tira sur eux à coup sûr ; voyant que j'hésitais à tirer sur ces hommes qui ne s'attendaient à rien, il me prit mon fusil des mains et fit de nouveau feu sur cette troupe qui, terrifiée, se laissait fusiller presque à bout portant. »

Ce « qui ne s'attendaient à rien » ne peint-il pas admirablement la bravoure et la bonté de celui qui l'a écrit ? C'est que l'humanité éclate partout dans ses récits, et qu'il est heureux de la croire en celui qui est devenu son idole, quand il nous montre l'Empereur tournant le dos à Vienne pour n'y pas voir monter la fumée de l'incendie qu'il vient d'y mettre.

V

DIMITRI KOBEKO

LA JEUNESSE D'UN TSAR

Ce n'est pas la première fois, en acclamant le tsar Nicolas II, que les Français ont affirmé leurs sympathies pour la Russie ; à ceux qui à tort ou à raison les disent intéressées, on peut répondre qu'elles sont naturelles dans la race et les renvoyer au livre de Dimitri Kobeko : *La Jeunesse d'un Tsar*, tiré du russe par Dimitri de Benkendorf ; on trouvera dans cet ouvrage qui nous montre comment se passa la première jeunesse de l'infortuné Paul Ier auprès de Catherine II, une relation du voyage qu'il fit en France sous le nom de comte du Nord, alors qu'il n'était que grand-duc héritier.

Ce ne fut pas seulement le peuple qui témoigna son empressement, mais la Cour elle-même. Voici les termes dont s'est servie la reine Marie-Antoinette, dit le prince Bariatinsky, dans son rapport à l'impératrice Catherine : « Je me mettrai en quatre pour » leur rendre le séjour d'ici agréable. » Suit le récit du séjour de Leurs Altesses à Lyon, où elles visitent les hôpitaux, à Fontainebleau, etc.

« Le comte et la comtesse du Nord passèrent leur première journée à Paris à se reposer. Une foule innombrable encombrait les abords de la légation de Russie et ne cessait de faire retentir l'air de ses acclamations. Le 8 mai, le grand-duc ne put patienter davantage et alla en simple particulier à Versailles pour y assister à la procession des chevaliers du Saint-Esprit. La beauté du château surprit le grand-duc, habitué cependant à la magnificence de la cour de Catherine II. Le 9 mai, le comte et la comtesse du Nord furent présentés au Roi et à la Reine. A partir de ce moment ils furent entraînés dans une série de fêtes qui finirent par les lasser. La Reine tint parole et inventa pour ses hôtes tous les jours des distractions nouvelles. Sans parler des fêtes de la Cour, remarquables par la magnificence et la recherche propres à cette époque, les autres membres de la famille royale tinrent à fêter les voyageurs princiers. Le comte de Provence, le comte d'Artois, le prince de Condé et le duc d'Orléans rivalisèrent de prévenance et d'amabilité. Durant ces fêtes, des relations d'amitié s'établirent entre le grand-duc, la grande-duchesse et plusieurs membres de la famille de

Bourbon. La timidité du Roi et l'embarras de Marie-Antoinette rendirent les premières entrevues avec les princes russes fort tendues. On raconte que la Reine, devant entrer dans la pièce où devait avoir lieu le dîner avec les augustes voyageurs, demanda un verre d'eau, avouant qu'il est très difficile de jouer son rôle de souverains devant d'autres princes que devant de simples mortels. Mais bientôt la glace des premières entrevues fut rompue ; et, grâce aux qualités aimables du grand-duc et de la grande-duchesse, des relations fort agréables s'établirent entre eux. »

Puis c'est le récit d'une visite à Chantilly :

« Le prince de Condé manifesta au grand-duc l'intention de lui rendre sa visite à Saint-Pétersbourg. A leur départ de Chantilly, le duc d'Enghien, petit-fils du prince de Condé, offrit à la grande-duchesse un beau bouquet. En effet, le prince de Condé ainsi que son petit-fils vinrent à Pétersbourg sous le règne de l'empereur Paul, mais en proscrits, cherchant un asile. Les relations d'amitié qui s'étaient nouées entre ces princes et le comte et la comtesse du Nord lui furent très utiles. Le grand-duc, étant devenu Empereur, prit un grand intérêt au sort des Condé durant la Révolution.

» En revanche, le duc d'Orléans et le duc de Chartres, célèbre plus tard sous le nom de Philippe-Égalité, qui eut une part de responsabilité dans le supplice du roi et qui fut lui-même exécuté par les révolutionnaires, avaient dès l'époque de ce voyage singulièrement déplu au grand-duc par leurs façons grossières et leur manque de courtoisie à l'égard du Roi. »

L'accueil qui fut fait au comte et à la comtesse du Nord ne différa guère de celui fait au Tsar Nicolas II.

« Le comte et la comtesse du Nord visitèrent les ateliers des artistes en renom, les musées, les bibliothèques et les institutions scientifiques. L'Académie des sciences organisa en l'honneur du grand-duc une séance solennelle. Leur correspondant littéraire Laharpe y lut un message en vers en l'honneur du grand-duc. Leurs Altesses Impériales occupaient les loisirs que leur laissaient les fêtes et les visites aux monuments de la ville, en causeries avec les artistes, les écrivains et les savants, Beaumarchais leur lut en manuscrit son *Mariage de Figaro*, qui faisait en ce moment beaucoup de bruit. Les égards qu'eurent pour les représentants du mouvement intellectuel du siècle les enfants de la protectrice couronnée des encyclopédistes donnèrent une idée élevée du caractère du grand-duc et de la grande-duchesse et leur valurent l'assentiment de tous les gens éclairés. Le grand-duc fit une visite à Necker, en ce moment en disgrâce à la Cour, et à d'Alembert que l'Impératrice avait désiré jadis avoir comme précepteur pour le Césarevitch. »

Ajoutons que d'Alembert, qui se souciait peu de cette situation, n'avait trouvé pour tout moyen de défaite que de s'excuser en raison de ses hémorroïdes ! Sa lettre à Voltaire est restée. Rien ne manqua à l'éclat de la réception de ce prince qui, pourtant, voyageait incognito ; représentations de gala à la Comédie-Française, à l'Opéra, et jusqu'à des vers du chevalier de Coudray qui exprima les regrets de la France et de la Cour à voir partir les illustres hôtes, par ces cinq vers plus courtois que bons :

> Par votre agréable présence
> Vous avez comblé nos souhaits.
> Princes, vous excitez nos sensibles regrets.
> Tels sont, en ce moment, les adieux de la France :
> Il fallait y rester ou n'y venir jamais.

Ainsi se termina le voyage du comte et de la comtesse du Nord, qui furent, on pourra le voir, non moins fêtés alors que le Tsar et la Tsarine l'ont été à Paris ; les premiers eurent sur les seconds l'avantage de voir Paris tel qu'il était, car les fêtes qui furent faites n'en changèrent pas l'aspect, tandis que nos derniers grands hôtes, reçus dans un Paris magnifiquement paré mais défiguré, n'ont pu que très difficilement voir les façades de nos monuments et nos maisons, cachées qu'elles étaient par les drapeaux, oriflammes et fleurs en papier; c'est ainsi qu'ils ont pu croire que la rue du Quatre-Septembre était plantée de pins ébouriffés, de chétifs arbres de Noël, et que la rue de la Paix, rétrécie par les pilastres des arcs de triomphe, était une des plus petites rues de la capitale. C'est d'ailleurs ainsi que la grande Catherine connut la Crimée, après le voyage que Potemkin lui fit faire pour conserver sa faveur. Heureusement le Tsar et la Tsarine ont fait espérer qu'ils reviendraient bientôt revoir notre capitale sous son véritable aspect.

Ce très intéressant ouvrage contient de curieuses pages sur celui qui devait être Paul Ier et qui, atteint d'un mal étrange, vit s'affaiblir son intelligence et devint en telle suspicion à la haute noblesse qu'elle se débarrassa de lui par un assassinat dont les cruels détails ont été enregistrés par l'histoire. Lire dans ce volume le récit, fait par ce prince et recueilli par la baronne d'Oberkirch, de la vision qu'il eut un jour, se croyant accompagné dans la rue par son aïeul Pierre le Grand. C'est un des chapitres les plus émouvants du livre.

VI

GÉNÉRAL LEJEUNE

MÉMOIRES

Le deuxième volume des *Mémoires du général Lejeune* est consacré en majeure partie à la relation des guerres d'Espagne et de la campagne de Russie.

Il n'est guère possible d'analyser d'ensemble les très intéressants chapitres qui renferment ces deux périodes de l'histoire militaire de l'Empire. Les uns, ceux de la guerre d'Espagne, sont une sorte de roman d'une émotion palpitante ; les autres, ceux de la campagne de Russie, constituent un véritable drame aux épisodes terribles. Sous le narrateur, on retrouve souvent le peintre qu'était le général Lejeune, témoin ce tableau de l'armée de Napoléon à la veille de la campagne de Russie :

« Notre armée, dit-il, était forte de cinq cent mille

hommes et composée de presque toutes les nations de l'Europe. Plusieurs princes régnants, les rois de Naples et de Westphalie, y étaient à la tête de leurs peuples. Le roi Murat, dans ses costumes d'apparat, chevauchait à la tête de la cavalerie. Tous les plus beaux hommes en grande tenue, tous les plus beaux chevaux de l'Europe, étaient là réunis sous nos yeux, autour du point culminant que nous occupions. Le soleil brillait sur le bronze de douze cents bouches à feu prêtes à tout détruire ; il brillait sur la poitrine de nos superbes carabiniers au casque d'or, au cimier écarlate ; il brillait sur l'or, sur l'argent, sur l'acier bruni des casques, des cuirasses, des armes des soldats, des officiers, et sur leurs riches costumes. Les baïonnettes étincelantes de ces masses de bataillons qui couvraient la plaine, imitaient, au loin, le scintillement ou le mirage éclatant du soleil sur les eaux des rivières et des lacs ridés par un léger souffle. Le salut de milliers de trompettes et de tambours ; ces cris d'enthousiasme jetés à l'Empereur aussitôt qu'il parut ; ce dévouement, cette discipline qui allaient faire agir cette multitude dont l'immensité se perdait jusqu'au delà de l'horizon, où les armes brillaient encore comme autant d'étoiles ; ce pouvoir qui allait réunir en une seule masse d'efforts la puissance invincible de tous ces bras, l'action de tous ces courages, exaltaient la confiance de tous dans le chef qui nous conduisait. »

Nous voici maintenant à la veille de la retraite de la Bérésina. Pour triste que soit le tableau, il n'en est pas moins saisissant :

« Nous n'avions plus de forges pour ferrer nos chevaux à glace ; ils étaient tous tombés et trop faibles pour se relever. Notre cavalerie se trouvait entièrement détruite ; et nos cavaliers démontés jetaient jusqu'à leurs armes que leurs mains gelées ne pouvaient plus tenir. Beaucoup d'officiers sans troupes eurent l'idée de se réunir pour former un corps d'élite, et prêt à combattre ; mais la force et la discipline manquaient autant à ces trois cents officiers qu'à nos soldats, et cette noble institution, enfantée dans le malheur, tomba en peu de jours, sans avoir pu rendre le moindre service.

» Le soir du 10, nous passâmes la nuit au bivouac, sur le bord du Dniéper, à côté du pont où le général Gudin avait été tué. Nos feux furent bientôt entourés des feux de beaucoup de traîneurs qui vinrent s'y réunir. Leur aspect nous eût déchiré le cœur, si nous n'eussions d'avance été réduits à l'état de brutes, sans compassion. Tous ces malheureux, arrivant sans armes, étaient couverts de pelisses en soie, garnies de fourrures, et de vêtements de femmes de toutes les couleurs, qu'ils avaient sauvés des flammes de Moscou ou qu'ils avaient arrachés des voitures abandonnées. Ces vêtements, plus amples que ceux des hommes, les protégeaient mieux contre le froid.

Beaucoup aussi portaient les dépouilles de leurs camarades morts sur la route.

» Engourdis par la faim et par le froid, ces malheureux venaient demander une petite place au feu de ceux auxquels il était resté la force d'en faire. Ceux-ci se montraient peu disposés à perdre la moindre part de ces rayons vivifiants, et les nouveaux venus restaient debout derrière les autres. Bientôt, ils fléchissaient sous le poids de la fatigue, ils s'affaissaient sur leurs genoux et on les voyait s'asseoir et involontairement s'étendre. Ce dernier mouvement était pour eux le précurseur de la mort, leurs yeux décolorés s'ouvraient vers le ciel ; un rire de bonheur contractait leurs lèvres ; on eût pu croire qu'une consolation divine adoucissait leur agonie, que dénonçait une salive épileptique. Aucun de ces traîneurs n'attendait pour s'asseoir sur la poitrine de l'homme couché sur la glace, que celui-ci eût rendu le dernier soupir ; mais à l'instant même, où il étendait les membres avec une apparence de béatitude céleste, l'homme debout se faisait un siège de la poitrine haletante du mourant, et restait ainsi, reposé sur lui de tout son poids, devant le feu, jusqu'au moment où lui-même, hors d'état de se relever, cessait bientôt de vivre. La neige ne couvrait qu'en partie ce que ce spectacle avait d'affreux, et pourtant il fallut s'en repaître encore pendant trente jours ! »

Mais ces trente jours, de quels actes héroïques, de

quels dévouements sublimes ne furent-ils pas les témoins ?

« Un jour, raconte Lejeune, fatigué de la marche, je m'étais assis sur un tronc d'arbre à côté d'un beau canonnier récemment blessé. Deux officiers de santé vinrent à passer ; je les priai de visiter sa blessure. Au premier aperçu, ils dirent : « Il faut faire l'amputation du bras. » Je demandai alors au canonnier s'il serait disposé à la supporter. « Tout ce qu'on voudra, répondit-il fièrement. — Mais, dirent les officiers de santé, nous ne sommes que deux ; il faudrait, monsieur le général, pour opérer cet homme, que vous eussiez la bonté de nous aider. » Et, voyant que leur proposition me souriait fort peu, ils se hâtèrent d'ajouter qu'il suffirait que je permisse au canonnier de s'appuyer sur mon dos pendant l'opération, que je ne verrais pas. Alors, j'y consentis ; je me mis en posture, et je crois que cela me parut plus long qu'au patient lui-même. Les officiers de santé ouvrirent leur giberne ; le canonnier ne proféra ni une parole, ni un soupir ; je n'entendis un moment que le petit bruit de la scie, et, peu de secondes ou de minutes après, ils me dirent : « C'est fini ! Nous regrettons de n'avoir pas un peu de vin à lui donner à boire pour le remettre de l'émotion. » Il me restait une demi-fiole de malaga, que je ménageais en n'y touchant de loin en loin que goutte à goutte. Je la présentai à l'amputé, qui était pâle et silencieux. Ses yeux aussitôt s'animèrent, et, tout d'un trait, il me la rendit complètement vide. Puis, en me disant : « J'ai encore loin d'ici à Carcassonne, » il partit d'un pas si ferme que j'aurais eu peine à le suivre. »

Qu'on ne s'étonne pas trop de pareils actes. Fallait-il s'attendre à moins de la part de héros tels que ceux qui arrosèrent de leur sang les plaines de la Russie et dont l'épisode suivant redira mieux que tout la glorieuse odyssée.

Quelques jours avant d'entrer à Moscou, l'Empereur fait attaquer la redoute de Chevarino par la division Compans :

« Le général Compans la fit canonner d'abord par toute l'artillerie qu'il avait près de lui, pour renverser, autant que possible, les talus et les palissades de ce retranchement ; et, dès qu'il les crut en état de recevoir l'assaut, il lança le colonel Charrière à la tête du 57⁰ régiment, et le fit soutenir par deux autres régiments. Cette première attaque fut repoussée, et le général Compans blessé au bras gauche. A peine le général eut-il fait panser sa blessure, qu'il ordonna un second assaut. Celui-ci encore fut repoussé. Alors Compans, irrité de ces obstacles et impatient de réussir, fait porter une vive attaque sur le derrière de la redoute, tandis qu'il la gravit lui-même, à côté de Charrière, à la tête du 57⁰ régiment. A neuf heures du soir, il en est le maître et le feu cesse. Il y avait deux heures que la nuit étendait ses ombres sur les combattants, dont l'acharnement semblait augmenter avec les difficultés, et nous étions inquiets. Le soir même, le colonel Charrière fut nommé général. Il avait pris sept canons dans la redoute ; mais son beau régiment avait perdu beaucoup de monde. Le 61e y avait perdu tout un bataillon. Le lendemain, l'Empereur, voulant récompenser tous ces braves, demanda au colonel : « Où est donc votre troisième bataillon ? — Sire, répondit le colonel avec tristesse, il est dans la redoute... »

Voilà qui vaut bien les grandes et héroïques réponses des Grecs et des Romains que l'on nous apprend dans nos lycées.

VII

G. LENOTRE

LE BARON DE BATZ

Dans « un Episode sous la Terreur » Balzac dit en parlant de celui qui exécuta Louis XVI : « Ainsi, il n'y eut alors qu'un homme (je crains que Balzac n'ait écrit : un couteau) qui ait eu du cœur en France. » Balzac se trompait, il en fut un autre que Samson et qui se prêta moins docilement au despotisme révolutionnaire, ce fut : *Le baron de Batz* sur qui M. G. Lenôtre vient d'écrire un volume bien intéressant, d'après des documents inédits.

Rien ne put arrêter l'ardeur, intimider le courage de ce conspirateur royaliste qui seul, quand passa la voiture qui conduisait Louis XVI à l'échafaud, s'élança pour le délivrer ; les cinq cents monarchistes qui devaient l'aider dans cette audacieuse tentative ne purent venir au rendez-vous, arrêtés probablement par la police. Mais il était écrit que la Révolution devait avoir à son actif la mort du meilleur de nos rois peut-être, et la plus grande sottise politique qu'il lui fût possible de commettre, sottise dont la France devait porter longtemps le poids et qui sert encore aujourd'hui de prétexte à l'isolement dans lequel la tiennent les autres nations.

Le baron de Batz, qui connaissait son époque, laquelle ressemblait trop à la nôtre, trouva moyen d'échapper aux poursuites, à la guillotine, rien que par l'intervention des fameux « arguments irrésistibles ». De l'argent, et encore de l'argent ! Il en donna tant et plus, et sauva ainsi sa tête et celle de bien d'autres. Il faut lire le récit de ses audaces bien prouvées pour y croire. Se jouant de toutes les investigations, on le retrouvait partout ; on le voyait, il disparaissait comme un clown ; n'alla-t-il pas jusqu'à donner un rendez-vous à des conspirateurs sous la guillotine même ? Nécessité ou forfanterie, la chose vaut la peine d'être enregistrée. Cet homme, qui avait entrepris pour la cause de la famille royale ce qu'aucun de ses membres n'avait osé faire, qui organisa la conspiration de l'Œillet, qui pénétra jusqu'auprès de la Reine dans son cachot, ne fut pas précisément traité, au retour des Bourbons, comme il le méritait. Il est vrai que les régicides étaient les favorisés, et que Louis XVIII épuisait pour eux ses sourires, son latin, ses faveurs et ses pensions.

VIII

GEORGES LECOMTE

ESPAGNE

Voici, sur la péninsule, une note toute moderne ; elle nous est donnée par M. Georges Lecomte, dans son volume intitulé : *Espagne*. On y trouvera des jugements, des appréciations très personnels sur l'Espagne catholique, son caractère, son histoire, ses paysages, son architecture ; de nouvelles descriptions de ses grandes villes ; de curieuses études sur l'Espagne arabe et les restes de sa civilisation, sur l'art, les musées, l'Espagne politique, industrielle et enfin sur l'Espagne « Flamenco ». Ce n'est ni un style, ni un art que précise ce « Flamenco » : c'est ce qui fait son pittoresque et sa couleur, c'est l'amour du panache, de l'emphase et du clinquant ; les fandangos, les tambourins, les castagnettes, les courses de taureaux, les airs bravaches des hommes, la beauté bestiale et provocante des femmes, mais aussi le superbe entrain à mourir, l'héroïsme de grande allure.

En un tableau vigoureusement peint, M. Georges Lecomte nous montre, par exemple, ce qu'on appelle, au delà des monts, les Concerts Flamenco.

« C'est dans la folie lascive de ces réduits que se réunit toute la racaille des courses. Primas espadas, chulos de marque s'y trouvent aussi bien que le vil fretin de la quadrille et que la tourbe louche des rôdeurs de plaza. C'est une fumeuse et grouillante foire aux vanités, un lieu d'entraînement à la jactance. Par des vantardises, par la véhémence des gestes, on s'entretient dans la frénésie et le brio. Le manzanille mousse dans les longs verres, pétille dans les cerveaux. On crie, on gesticule, on fouette de « Olé ! olé ! » les trépignements et les souples contorsions des danseuses. On déploie autour d'elles, quand elles viennent s'asseoir à une table, après la danse, les grâces excessives d'une galanterie canaille.

» Ces gitanas semblent se mouvoir selon une cadence dont l'atavisme les a dotées et que développa l'accoutumance de certaines musiques. Elles semblent l'avoir dans les nerfs, dans les muscles, et ne pouvoir agir que selon ce rythme voluptueux. Sont-elles assises, les hanches et le bassin ondulent, les jambes et les pieds marquent la mesure, le torse se cambre, les bras s'infléchissent, les mains se creusent, voltent sur le poignet, se renversent. Ces étirements, ces langoureuses élasticités finissent par surexciter les nerfs, que les vibrations monotones des tambourins et les mains qui claquent font vibrer à leur passionnée cadence.

» L'aspect public est étrange aussi : les silhouettes et les groupes sont comme estompés dans l'atmosphère fumeuse. On distingue des formes avachies contre les tables, des dos affalés. Des femmes, immobiles et droites, regardent. Des marmots, couchés sur la table, dorment parmi les verres de manzanille. C'est la veille d'une corrida, et les bouviers sont venus là pour attendre l'heure d'introduire les taureaux du toril. Sous cette lumière qui tombe d'en haut, le modelé des visages semble plus âpre. Des yeux durs luisent dans les faces glabres et ravinées.

» Un enfoncement dans la muraille : c'est la scène. Un quinquet, sous lequel un souillon, la tignasse fleurie, fait jaillir son ventre en saccades. Autour d'elle, dix femmes écroulées sur des chaises, battant la mesure de ce dégingandement. Tout au fond, le profil d'un frêle gnome, agrandi d'une gibbosité énorme, se dessine sur les clartés de l'arrière-scène. Soudain, il se met à proférer, de sa voix perchée, un chant qui accompagne la cadence. Et voici qu'une femme nerveusement se dresse, s'avance à la rampe. Avant même que la musique l'ait mise en branle, elle a révélé sa rythmique souplesse par son allure, par le geste dont elle a assujetti la rose dans sa chevelure. Les tambourins vibrent, les paumes des mains claquent, le bossu s'égosille, et la voilà qui

emplit le cadre lumineux de ses harmonieuses torsions. Bouviers et gens de plaza l'excitent de leur
« olé ! » marquant la cadence par leurs rudes clameurs. La gitane s'enfièvre, se convulse passionnément et c'est d'une admirable volupté. Les sombreros
volent à ses pieds, on trépigne. De toutes les tables,
on la convie au manzanille... »

N'est-ce pas là un tableau plein de vie et d'une
belle couleur ? M. Georges Lecomte répond d'avance
aux chercheurs d'étymologie que ce mot « flamenco »,
qui caractérise l'exaltation pour toutes les frénésies
de l'être humain, fut peut-être jadis apporté des
Flandres par des ballerines. Hypothèse incertaine,
car les plaisirs du Nord se manifestent d'une façon
plus calme, plus froide. Mais qu'importe, l'adjectif est
accepté maintenant, et je crois qu'il est toujours sage
de ne point passer trop de temps à demander aux
mots, aux choses et aux gens d'où ils viennent. Qu'ils
plaisent et fassent leur office, c'est tout ce qu'on peut
raisonnablement exiger d'eux.

IX

A. MOULIERAS

LE MAROC INCONNU

Le Maroc inconnu, tel est le titre sous lequel un savant en littérature arabe, un enthousiaste du Maroc, M. Auguste Moulieras, publie un livre de haut intérêt sur des explorations du Rif (Maroc septentrional) dont il a recueilli lui-même la relation presque sous la dictée de celui qui les avait faites, d'un derviche qui avait passé plus de vingt ans de sa vie à courir les bourgades, les hameaux de ce pays inconnu.

Selon M. A. Moulieras, nous pourrions, sans qu'un coup de fusil soit tiré, faire la conquête de cette partie du Maroc, si tous ceux qui ont tenté de la connaître n'avaient échoué à cause de leur ignorance de la langue et de la vie arabes. Reconnaissons que ce n'est pas là chose facile, de l'aveu même de l'auteur.

« On est pris de vertige en présence de ces 12 305 412 mots que contient le dictionnaire arabe. Les synonymes sont presque innombrables. Le laborieux de Hammer a catalogué 5 744 mots relatifs au *chameau*. Le lexicographe Firouzabadi a trouvé 80 synonymes du mot *miel* et 1 000 pour *épée*. *Malheur* compte plus de 400 synonymes. Un philologue put composer un livre sur les 500 noms du *lion*. Plus de 200 termes signifiant *serpent* furent l'objet d'un ouvrage d'un autre amateur de statistique. Et cela ne suffit pas encore, car, pour porter au plus haut point la difficulté de cette étude, chaque mot a encore des sens multiples et contradictoires. On dirait qu'un génie infernal s'est amusé à faire de cette langue une énigme perpétuelle. »

Rien de plus intéressant que ces récits du derviche, intrépide monomane de voyages, qui a fourni à M. Mouliéras les principaux éléments de son livre, formé aussi des révélations de Marocains eux-mêmes et de voyageurs mahométans. Je passe l'introduction et j'entre dans le cœur du livre qui est l'exploration du Rif et que ne sauraient trop consulter ceux qui ont la curiosité de connaître ce pays fermé. Nous traversons les plus étranges tribus ; celle de Mthioua n'est pas des moins étonnantes par ses mœurs ; la rage de l'hospitalité fait des assassins de ses habitants ; c'est à qui hébergera les étrangers :

« On se les arrache littéralement de famille à famille. Le derviche fut témoin un jour d'une bataille rangée, occasionnée par un voyageur étranger que se disputaient deux familles. Trois hommes restèrent finalement sur le carreau, et les vainqueurs emmenèrent triomphalement l'étranger dans la chapelle de leur *âzoua*. Dans le Rif, on appelle *âzoua* un petit clan constitué, dans chaque village, par deux ou trois maisons confédérées. Chaque âzoua a sa chapelle particulière. Il arrive souvent que les différentes âzoua d'un même village sont entre elles à couteaux tirés. Alors les hommes ne sortent que la nuit ; s'ils s'avisaient de se montrer pendant le jour, des balles, parties des âzoua voisines de la leur, les arrêteraient promptement dans leur course. En revanche, les femmes peuvent circuler sans danger dans les rues, en tout temps ; pour elles seulement il y a amnistie complète et éternelle. Elles vont à l'eau, au bois, aux champs, sans jamais être inquiétées. Les chefs de famille, exposés à tant de périls, sont obligés de louer des étrangers pour labourer leurs terrains et garder leurs troupeaux. Ces mercenaires sont sacrés comme les femmes. »

Le cérémonial des mariages n'est pas moins curieux que ce qui précède. Les vierges se marient de dix à quatorze ans et valent, suivant leur laideur ou leur beauté, de 500 à 5 000 francs.

« Dans l'après-midi, une centaine d'hommes à pied, armés de leurs fusils, la ceinture fortement serrée autour des reins, comme s'ils partaient au combat, se dirigent vers la demeure de la jeune fille. Ils déposent entre les mains du père le douaire promis, font monter la mariée sur un mulet sellé d'une élégante bardelle, donnent le signal du départ par une décharge générale de leurs fusils. La femme, toujours voilée, est placée au milieu du bruyant cortège, dont les salves continuelles de mousqueterie annoncent au loin l'arrivée. Dans la maison du futur maître, les femmes, en entendant les détonations, commencent à pousser des you-you étourdissants. Dès que l'escorte est en vue, elles se précipitent à la rencontre de la jeune fille, l'enlèvent de sa selle, la conduisent dans sa nouvelle demeure, s'installent avec elle dans une pièce où elles lui tiennent compagnie jusque vers le milieu de la nuit. A ce moment, elles se retirent, la laissant seule. Le fiancé, qui était resté dehors à jouer et à tirer des coups de fusil avec ses amis, est prévenu par une matrone de l'instant solennel. Il quitte furtivement ses compagnons et court trouver sa femme. Un moment après, il entr'ouvre une croisée, par l'entre-bâillement de laquelle s'allonge le canon de son fusil. Un éclair, suivi d'une forte détonation, annonce à la population du bourg que la jeune fille n'est plus vierge. Cette nouvelle est accueillie par d'indicibles you-you auxquels répondent des feux de salve bien nourris. Tandis que les mariés restent enfermés, les invités continuent à festoyer toute la nuit. »

Toutes les tribus, et elles sont nombreuses, ont leurs coutumes particulières, et c'est plaisir que de suivre ce derviche qui nous fait passer partout sans danger ; il examine tout en cheminant, remarque jusqu'à la nourriture des diverses contrées qu'il traverse, notant, par exemple, qu'il a goûté, dans la tribu des Beni-Sed-dath, du miel amer ! Ce goût lui vient de ce que les abeilles vont chercher leur butin sur les fleurs de l'arbousier.

En résumé, un livre très intéressant, non seulement au point de vue pittoresque, mais aussi au point de vue politique, pour ceux qui voudront l'examiner plus à fond que je n'ai pu faire.

X

P. GAULOT

LA MORT DE ROBESPIERRE

La mode est aux mémoires militaires, mais il en éclôt un si grand nombre qu'il est presque impossible de les lire tous. M. P. Gaulot, dans la *Bibliothèque de souvenirs et récits militaires* s'est chargé d'en faire connaître le plus grand nombre par des extraits très intelligemment choisis. Cinq volumes ont déjà paru ; le dernier est consacré à celui qui, d'un coup de pistolet, débarrassa la France du sanglant tyran qui s'appelait Robespierre ; il contient le procès-verbal au ministre du fameux gendarme Méda, de l'épisode qui donna sa signification au 9 thermidor. Méda devint sous-lieutenant, puis colonel en 1806, fut créé baron en 1808, et mourut tué par un boulet à la bataille de la Moskowa. Voici une partie de cet authentique et curieux récit relatif au moment où Méda arrive dans la salle du Conseil à l'Hôtel de Ville.

« L'escalier de la Commune est rempli des partisans des conjurés ; à peine pouvons-nous passer sur trois de front. J'étais très animé, je monte rapidement, et je suis déjà à la porte de la salle de l'assemblée de la Commune que les grenadiers sont encore bien loin. Les conjurés sont assemblés dans le secrétariat, et les approches bien fermées. J'entre dans la salle du Conseil en me disant ordonnance secrète. Je prends le couloir à gauche : dans ce couloir, je suis assommé de coups sur la tête et sur le bras gauche, avec lequel je cherche à parer, par les partisans des conjurés, qui ne veulent pas me laisser passer, quoique je leur dise que je suis ordonnance secrète. Je parviens cependant jusqu'à la porte du secrétariat : je frappe plusieurs fois pendant qu'on me frappe toujours ; enfin la porte s'ouvre.

» Je vois alors une cinquantaine d'hommes dans une assez grande agitation ; le bruit de mon artillerie les avait surpris. Je reconnais au milieu d'eux Robespierre aîné ; il était assis dans un fauteuil, ayant le coude gauche sur les genoux, et la tête appuyée sur la main gauche. Je saute sur lui, et, lui présentant la pointe de mon sabre au cœur, je lui dis : « Rends-toi, traître ! » Il relève la tête et me dit : « C'est toi qui es un traître, et je vais te faire fusiller ! » A ces mots, je prends de la main gauche un de mes pistolets, et, faisant un à droite, je le tire. Je croyais le frapper à la poitrine, mais la balle le prend au menton et lui casse la mâchoire gauche inférieure ; il tombe de son fauteuil. L'explosion de mon pistolet surprend son frère qui se jette par la fenêtre. En ce moment, il se fait un bruit terrible autour de moi, je crie : « Vive la République ! » Mes grenadiers m'entendent et me répondent : alors la confusion est au comble parmi les conjurés, ils se dispersent de tous les côtés et je reste maître du champ de bataille.

» Robespierre gisant à mes pieds, on vient me dire qu'Henriot se sauve par un escalier dérobé ; il me restait encore un pistolet armé. Je cours après lui. J'atteins un fuyard dans cet escalier : c'était Couthon que l'on sauvait. Le vent ayant éteint ma lumière, je le tire au hasard, je le manque, mais je blesse à la jambe celui qui le portait. Je redescends, j'envoie chercher partout le malheureux que j'avais blessé, mais on l'avait enlevé sur-le-champ.

» Robespierre et Couthon sont étendus au pied de la tribune. Je fouille Robespierre, je lui prends son portefeuille et sa montre que je remets à Léonard Bourdon, qui vient en ce moment me féliciter sur ma victoire et donner des ordres de police.

» Les grenadiers se jettent sur Robespierre et Couthon, qu'ils croient morts, et les traînent par les pieds jusqu'au quai Pelletier. Là, ils veulent les jeter à l'eau ; mais je m'y oppose, et je les remets à la garde d'une compagnie des Gravilliers. Le jour venu, on s'aperçoit qu'ils respirent encore ; je les fais conduire aussitôt à l'infirmerie de la Conciergerie ; rien ne peut se comparer aux souffrances qu'ils ont dû éprouver pendant une agonie de dix-huit heures. »

Et comme Méda, en finissant la lecture de ce récit, on se sent pris de pitié en pensant aux douleurs physiques de Robespierre à qui le bourreau arracha une partie de la mâchoire avec le bandeau qui la retenait ; on oublie alors qu'il fut tant de fois aussi cruel pour des femmes, des enfants, des vieillards innocents, et l'on se surprend à plaindre « ce pauvre Holopherne si méchamment mis à mort par Judith ».

XI

PAUL MIMANDE

CRIMINOPOLIS

« Les criminels sont, pour la plupart, des déments d'une espèce particulière que nous devons mettre dans l'impossibilité de nuire, mais dont nous avons le devoir étroit de tenter la guérison. » Tel est le sentiment de M. Paul Mimande, l'auteur d'un livre intitulé *Criminopolis*. A l'appui de son opinion, M. Mimande cite les hôpitaux d'aliénés qui existent dans les pénitenciers-dépôts de la Nouvelle-Calédonie et de la Guyane. Qui oserait affirmer, demande-t-il, que l'esprit de ces aliénés n'était pas déjà en partie envahi par la folie ? Ont-ils jamais possédé leur libre arbitre ? Je n'ai pas à résoudre de telles questions, mais, tout comme celui qui les pose, je trouve qu'il est permis, avant de les repousser, de rester quelque peu rêveur.

M. Paul Mimande connait à fond nos colonies pénitentiaires et, dans ce volume aussi sérieusement pensé que légèrement écrit, ceux qui s'occupent du relèvement moral des condamnés trouveront d'utiles renseignements et aussi de sages conseils. Il a visité la Nouvelle-Calédonie, constaté que, contre les lois d'atavisme données aujourd'hui comme presque toujours inéluctables, l'éducation était toute-puissante. « Faites-vous conduire, — dit-il aux visiteurs de la Nouvelle-Calédonie, — à la ferme-école où sont élevés les fils des forçats et au couvent où sont placées leurs filles, prenez des renseignements, et vous serez contraints de reconnaître que tous se conduisent à merveille. »

M. Mimande ne nie pas qu'il soit des améliorations impossibles à obtenir, et que, par exemple, il soit, parmi les forçats, un esprit de corps fait pour décourager les meilleures volontés. Ils le poussent à ce point qu'on ne peut généralement pas arracher à l'un d'eux, même assassiné par un « camarade », le nom de son assassin. Il en est un qui a reçu dix-huit coups de tranchet, et dont on n'a jamais pu obtenir les noms de ses agresseurs. Il n'a rien voulu dire, mais probablement dans l'espoir de retrouver ses « amis », a demandé et obtenu la place de bourreau. C'est d'ailleurs un homme soigneux, comme on va le voir par ces quelques lignes:

« Un jour, comme il se disposait, son *travail* terminé, à s'en aller, laissant à ses aides le soin de démonter sa machine — *de minimis non curat prætor* — il s'aperçut qu'un jet de sang avait maculé sa vareuse. Macé lança un regard inexprimable au panier qui contenait la chair palpitante de son client et je l'entendis très distinctement grommeler entre ses dents : « Ah, sale cochon ! » (*sic*). Puis, d'un air de mauvaise humeur, il remonta vers le quartier cellulaire où l'attendaient le déjeuner, resté inachevé, du supplicié, et son salaire, — une boîte de sardines (?) et seize francs. »

Que de pages intéressantes, curieuses, comiques même, à côté de ces horreurs ! Il y a des scènes de mariage, de forçats évadés devenus de parfaits gens du monde ; rien de plus étonnant que la description du petit village de Bourail, peuplé de bourgeois et de boutiquiers très honnêtes, tous anciens forçats. On trouvera dans ce livre une page des plus curieuses concernant Berezowski, le fou qui tira un coup de revolver, à Paris, sur le tsar Alexandre ; puis l'histoire touchante, navrante d'une pauvre veuve suivant, en Calédonie, son fils, un assassin, pour lui donner chaque matin sa soupe accoutumée, acceptée d'ailleurs avec plaisir mais sans la moindre reconnaissance par le misérable ; le calvaire aussi d'une autre pauvre mère qui fait ce long voyage pour aller retrouver son fils, lequel, assassin jusqu'aux moelles, vient d'être guillotiné quand arrive la pauvre femme. On y verra aussi se développer un véritable roman

d'amour qui n'est qu'un récit fait de stricte vérité.
Je ne puis ici entrer dans le détail de tout ce qui
est rapporté dans *Criminopolis*, dont l'auteur,
qu'abrite un pseudonyme, est un homme renseigné
s'il en fut.

XII

FRÉDÉRIC MASSON

CAVALIERS DE NAPOLÉON

Dans l'excellent travail que M Frédéric Masson publie sous ce titre : *Cavaliers de Napoléon*, si complet, si plein d'utiles renseignements, je trouve cette page dont une discussion ouverte dans une revue allemande fait une sorte d'actualité. En réponse à ceux qui affirment qu'en art militaire la science tient lieu de tout, M. F. Masson écrit :

« Pour une guerre à faire mathématiquement et comme sur le papier, un vieillard peut suffire. Mais, que ce vieillard accoutumé à ses modes anciennes trouve, en face de lui, un jeune homme qui ose, qui communique à une armée de jeunes gens l'audace qu'il sent en lui, qui entraîne ses troupes aux marches forcées, fait paraître partout en même temps ses têtes de colonne, ne tient nul compte des combinaisons stratégiques qu'on apprend dans les chambres ou sur les champs de manœuvre, oppose au jeu classique, lent, froid, mesuré, où telle attaque doit amener telle riposte et tel engagement du fer telle parade, un jeu romantique, tout d'inspiration, de souplesse, de force, tout de jeunesse : nécessairement le vieillard sera battu par le jeune homme. C'est là sans doute une des raisons majeures des succès obtenus pendant les guerres de la Révolution : les généraux étaient jeunes, ils avaient cette vertu suprême de n'avoir point l'*expérience* — c'est-à-dire l'âge — et d'oser. Ils pouvaient commettre des fautes contre les règles de la stratégie, mais, ces règles, est-il bien utile de les connaître, si, en les suivant, on est battu, et si, en ne les suivant pas, on est victorieux ? Leurs adversaires ne se fussent point permis un mouvement qui n'eût été prévu par de bons auteurs, approuvé par les maîtres de l'art, tous hommes instruits et à ce point expérimentés qu'ils ne pouvaient plus même se tenir à cheval ; eux, ayant, en réalité, fait leur éducation militaire sur le champ de bataille en quelques jours à peine, suppléaient à cette science fort discutable par l'audace. Si, ayant pris quelque notion de la stratégie en vogue chez l'ennemi, ils avaient tenté d'appliquer les principes qu'il pratiquait, sans doute ils eussent été battus, mais ils n'étaient pas si sots. Ils allaient de l'avant parce qu'il fallait marcher, que leur tempérament les poussait et que, s'ils ne faisaient point quelque chose, le Tribunal révolutionnaire les guettait... Ils avaient, avec l'instinct de la combativité, l'ardeur de la jeunesse, la volonté de s'illustrer et la passion de la guerre, et leur ignorance leur servait autant que leur science nuisait aux autres. »

Ce qui prouve qu'alors, comme aujourd'hui, la jeunesse était une belle chose. On dit qu'elle s'en va de chez nous, je n'en crois rien : elle se dissimule peut-être un peu en ce moment, tant de choses se produisent qui sont faites pour l'étonner ; mais ce n'est qu'une éclipse momentanée, et en dépit de ceux qui veulent la tuer à coups d'athéisme, de problème social, de philosophie, de littérature et d'art malsain, elle reparaîtra et vibrera encore aux mots de liberté, de patrie et d'amour du beau.

XIII

EUGÈNE GUÉRIN

HISTOIRE DE LA NOUVELLE FRANCE

Les graves événements qui viennent de se passer à Madagascar rendent non seulement intéressantes, mais nécessaires à connaître et à étudier, toutes les histoires écrites sur les difficultés qui ont de tout temps accompagné nos essais de colonisation ; notre tort est, en général, qu'il s'agisse de protectorat ou d'annexion, de ne pas tenir assez compte de cette recommandation de je ne sais plus quel classique latin : Ne pas mesurer les mœurs étrangères aux nôtres. *Ne alienos mores ad suos referant*, et de ne pas croire que les choses que nous admettons soient toujours admissibles chez les autres. C'est ainsi qu'avec un rare empressement les Français croient devoir imposer la liberté pour tous, partout où ils plantent le drapeau tricolore, sans savoir, par exemple, si les propriétaires d'esclaves ne voient pas là, eux, une atteinte à leur liberté, et si les esclaves eux-mêmes ne vont pas se trouver fort embarrassés du présent, jugé inestimable, que nous leur faisons. Le tort de nos législateurs est vraiment de ne pas tenir assez compte de la géographie et de ne pas savoir que l'être humain n'est pas précisément constitué moralement et physiquement de la même façon sous toutes les latitudes. Voilà des gens qui, très justement, estiment que la chasse ne doit pas être ouverte le même jour dans toute la France, parce que les moissons ne mûrissent pas à la même époque dans les départements du Nord et du Sud, et qui, du bout du pont de la Concorde, vont imposer le Code civil et leurs habitudes parisiennes ou provinciales à d'autres gens qui vivent dans l'océan Indien !

C'est en lisant le grand travail entrepris par M. Eugène Guérin, sur l'histoire de *la Nouvelle-France*, que ces réflexions me sont venues ; elles viendront à bien d'autres en parcourant ces pages qui nous parlent d'un pays conquis si péniblement jadis, et dont la France n'a plus guère que le souvenir aujourd'hui. Souvenir bien touchant que celui qu'évoque la perte de ce Canada où, maintenant même, est si vive l'empreinte de nos mœurs dans ce pays que dans certaines parties on y parle et on y écrit encore dans notre langue, dans celle de Louis XIV et de Louis XV.

Le livre de M. Eugène Guérin commence au premier voyage de Jacques Cartier qui, avec l'autorisation de François Ier, partit le 20 avril 1534 et reconnut les côtes Est et Ouest de Terre-Neuve, celles du Labrador et le golfe Saint-Laurent. Puis vient le récit de sa seconde navigation et de ses essais d'installation dans ce pays nouveau où d'abord les hommes vinrent au-devant des explorateurs qu'ils prenaient (bien des relations le disent) pour des frères ; la suite leur prouva de reste qu'ils s'étaient trompés, et cette désillusion suscita ces terribles guerres qui firent répandre tant de sang. Rien de plus curieux cependant que ces premières rencontres pacifiques où, curieusement, un chef sauvage demandait à Cartier de lui faire entendre la détonation d'une pièce d'artillerie. Celui-ci donna l'ordre de tirer une douzaine de coups sur un bois voisin. « Ils en furent tous si étonnés qu'ils pensaient que le ciel fût chu sur eux et se prirent à hurler si fort qu'il semblait qu'enfer y fût vuidé. » Puis c'est la découverte du Mont Royal, depuis Montréal, l'installation des Français et, enfin, les commencements d'hostilités encouragés d'abord par l'Espagne, ensuite par l'Angleterre. Les expéditions dans la Floride avec Jean Ribault, qui avait certes le cœur protégé par un triple airain, les guerres contre les féroces Iroquois, les Algonquins, avec l'aide des Hurons, la fondation de Québec par Champlain, les merveilleux exploits du comte de Fontenac, diplomate et homme de guerre, la prise de possession de la Louisiane, les périls et la délivrance de la colonie par suite de la paix de Ryswick, sont autant d'événements intéressants à l'égal des meilleurs romans ; celui-là, par exemple, a l'intérêt de la vie réelle et, s'il nous rappelle des jours tristes ou glorieux, il peut aussi souvent servir de consolation pour le passé, d'exemple pour le présent et d'espoir pour l'avenir.

CAHIER (S) OU PAGE (S) INTERVERTI (S) A LA COUTURE
RETABLI (S) A LA PRISE DE VUE.

DE LA PAGE 329
A LA PAGE 348

XIV

E. ZEVORT

L'HISTOIRE DE LA TROISIÈME RÉPUBLIQUE

Nos républiques prennent des numéros d'ordre, tout comme les souverains ; la seule différence est que les unes sont précédées de leur chiffre, tandis que les autres en sont suivis ; on dit : « Louis XIV », mais on dit : « la troisième République ». Malgré le *nec pluribus impar*, Louis XIV n'a rien fait de ce que fait le soleil, pas plus qu'avec son « Liberté, Égalité, Fraternité, » la République ne nous a faits libres, égaux et fraternels, loin de là ! Ce qui prouve une fois de plus que les devises ne sont faites que de mots.

Mais comme, en résumé, que l'on vive sous une monarchie ou sous une république, l'histoire suit son cours indifféremment, il est bon qu'elle soit enregistrée pour que les races futures soient mises à même de constater et de comparer. C'est ce qu'a très justement pensé M. E. Zevort, recteur de l'Académie de Caen, en publiant, l'*Histoire de la Troisième République*, volume qui sera probablement suivi d'autres, et qui est consacré principalement aux actes de la Présidence de M. Thiers. M. Zevort s'est efforcé d'être indépendant, et il faut dire qu'il l'est, tout en expliquant ses préférences pour le régime actuel, ce qui n'était pas chose facile.

Dans son livre, on trouvera de nombreux détails sur le Siège de Paris, la Commune, la Présidence et la démission de M. Thiers. Après avoir lu ces pages qui évoquent tant de douleurs, tant de sacrifices inutiles, on s'étonne de voir que l'illogisme est, en résumé, la grande loi qui régit ce siècle. Napoléon III, souverain acclamé par un plébiscite, et qui n'a aucune raison pour désirer la guerre, bien au contraire, s'y laisse entraîner on ne sait par quel vertige : l'opposition, M. Thiers en tête, qui lui refuse d'augmenter l'effectif de l'armée, lui reproche d'être entré en campagne sans avoir un nombre de troupes opposable à celui de la Prusse ; quant aux Prussiens qui en sont encore, à certains points de vue, au temps de la féodalité, il semble que leur unique but, à en juger par le résultat, ait été — le roi Guillaume avec son respect pour le principe monarchique, Bismarck avec ses falsifications de télégrammes et Moltke avec ses plans — de s'efforcer de nous donner la République, que la France ne voulait pas, et de créer, aux portes de l'Allemagne, une république qui se solidifie chaque jour et qui fait rêver les libéraux allemands.

XV

HENRI ROCHEFORT

COURBET

Dans les *Aventures de ma vie*, d'Henri Rochefort, au milieu de pages intéressantes comme celles d'un roman, je trouve ce portrait en quelques lignes du peintre Courbet, réfugié en Suisse, après ses aventures politiques :

Le peintre Courbet, à qui le gouvernement militaire tenait absolument à faire payer le rétablissement de la colonne Vendôme, avait été obligé de s'exiler momentanément en Suisse pour éviter d'être emprisonné de nouveau, cette fois, comme créancier de l'État. En effet, le fisc faisait saisir chez tous les marchands les tableaux qu'il passait pour y avoir déposés.

» D'une défiance toute paysannesque, il s'attendait toujours à ce que Mac-Mahon réclamât, sinon son extradition, au moins celle de ses tableaux, et il les dispersait un peu partout, afin d'en sauver le plus possible.

» J'avais beau lui répéter qu'ils étaient absolument en sûreté sur le territoire de la Confédération, sa condamnation civile au remboursement de deux cent cinquante mille francs et sa condamnation politique à six mois de prison étant connexes, il n'en aurait pas moins voulu enfouir ses trésors dans les entrailles de la terre.

» Il répondait, d'ailleurs, à toute mon argumentation :

» — Je ne vous crois pas. D'abord, je vous connais très bien, vous êtes un romantique !

» Ce qui, dans son esprit positif, troublé par le danger, signifiait que je n'avais aucune intuition de la réalité des choses.

. . . .

» Mais, à cette époque, Courbet, de tout temps porté sur la bouteille, passait presque toutes ses journées à noyer ses chagrins. Malheureusement, comme disait un jour Aurélien Scholl, ses chagrins savaient nager et il avait fini par voir la nature à travers l'opale de ses continuels verres d'absinthe. Il prétendait, sans donner d'autres explications à propos de cette hygiène bizarre, qu'un seul verre produisait des effets désastreux sur l'organisme, mais que, si on en absorbait deux de suite, le mal causé par le premier était immédiatement conjuré. Et il me disait pour conclure :

» — Faites comme moi. Vous verrez comme vous vous en trouverez bien. Mais vous m'entendez : toujours deux verres !

» A force de doubles absinthes, il compliqua sa situation mentale d'une hydropisie de l'estomac qui fit de lui un muid ambulant. Il devint indispensable de le dégonfler à l'aide de ponctions par lesquelles la vie s'en alla peu à peu. De ballonnant qu'il était, son ventre devint plat comme une nappe. Courbet, flasque et amaigri à faire peur, finit par s'aliter, et un jour je reçus une dépêche me réclamant sans aucun retard à Vevey.

» J'y courus, mais il expirait au moment même ou j'entrais dans sa chambre. Taillé en colosse, il ne lui a manqué qu'un peu de sobriété pour vivre cent ans.

» Le paysan franc-comtois n'avait jamais été complètement absorbé par l'artiste. Nous trouvâmes dans tous les tiroirs de ses meubles environ quarante mille francs tant en or qu'en billets de banque, dissimulés sous du linge ou disposés en tas dans d'invraisemblables cachettes. Son père, fort comme un chêne malgré ses soixante-dix-huit ans, dirigeait ces investigations et poussait des cris de joie à chaque découverte nouvelle. »

Voilà ce qui s'appelle une scène vécue. Je n'ai d'ailleurs pas à insister sur l'intérêt de cet avant-dernier volume dont les premiers ont obtenu un si vif succès.

XVI

FÉLIX DUBOIS

TOMBOUCTOU LA MYSTÉRIEUSE

S'il est quelque chose qui puisse faire pardonner au Français ses défauts, c'est la facilité avec laquelle il s'empresse de les reconnaître dès que c'est l'étranger qui les a signalés (tout lui est précieux qui vient de là !), et l'espèce de coquetterie avec laquelle il aime à les confesser. En vain tous nos moralistes lui ont-ils reproché sa légèreté, son ignorance, son manque de suite, il n'y a cru qu'à partir du moment où les journaux allemands, anglais ou italiens le lui ont dit, et, depuis ce jour, on voit de braves Prudhommes clore toutes les discussions en disant d'un air capable : « Le fait est que nous sommes bien légers, bien ignorants, que nous manquons de suite, » etc. Il y a beaucoup de vrai au fond de cela, mais je crois qu'il ne faut pas trop se complaire à le répéter sans se demander si ce qui était exact il y a vingt ans l'est encore aujourd'hui.

C'est en lisant un beau et bon livre : *Tombouctou la Mystérieuse*, ouvrage d'un intérêt puissant et actuel, que ces réflexions me sont venues, comme elles viendront, je crois, à bien d'autres. Si jamais peuple a donné un exemple de l'esprit de suite, de persistance, c'est justement le peuple français dans la conquête de la vallée du Niger, où, avec un si petit nombre d'hommes qu'on ose à peine le déclarer, la France est arrivée à établir son influence sur un immense territoire, sur des peuplades qui eussent pu nous écraser rien que par le nombre. C'est au plan conçu par Colbert et repris, il y a quarante ans, par le général Faidherbe, aux idées qu'il a réalisées lui-même, à celles qu'il a laissées en germe, qu'est véritablement due la conquête de ces villes, de ces plaines, de ce désert qui relient définitivement notre colonie algérienne à celle du Sénégal. On doit aussi une grande reconnaissance au général Archinard, qui a su se pénétrer de la pensée de Faidherbe et continuer prudemment son œuvre : c'est à lui qu'on est redevable de la prise de Dienné et de l'organisation de la campagne qui nous a livré Tombouctou.

Pour donner idée des sages institutions créées par lui au Sénégal, il faut signaler, entre toutes, l'École des Otages de Saint-Louis. Là, dit M. Félix Dubois, l'explorateur consciencieux et clairvoyant à qui nous devons ce livre si rempli de documents, sont élevés les fils des rois, roitelets et grands chefs des pays sénégalais. Leur éducation se fait à l'européenne ; en même temps que de notre civilisation, on les imprègne de nos idées, on leur fait partager le culte de la France, et aussi les espérances que nous fondons sur ces vastes pays de l'Occident africain. Ainsi avait été élevé Mademba, fils d'un chef du Oualo considérable par l'autorité politique et religieuse. Il entra dans les Télégraphes, rendit pendant vingt ans les plus dévoués services à la cause française, en suivant, dans leurs étapes successives de la vallée du Niger, le colonel Borgnis-Desbordes et le colonel Archinard. Pour le récompenser, on eut l'esprit de lui créer, sur une rive du fleuve, un petit royaume. C'est une idée des plus heureuses que celle de ce gouvernement des nègres du Niger par un nègre du Sénégal façonné et affiné par nous, imprégné de notre manière de vivre et de penser, entièrement dévoué à nous et à nos principes de civilisation.

Qu'on ne croie pas que dans les écoles que nous avons formées l'instruction des indigènes ne soit qu'élémentaire ; il s'en faut de beaucoup. On me racontait, et le fait est exact, que récemment un nègre eut besoin de s'adresser à l'administration française du Sénégal pour obtenir la délivrance d'un acte rédigé dans notre langue. L'employé français s'acquitta de sa besogne, écrivit ce qu'il avait à écrire et remit le papier au nègre ; celui-ci l'examina attentivement et, s'arrêtant de lire, montra du bout de l'ongle à l'employé une faute de grammaire. C'est ici l'occasion de s'élever contre l'erreur qui a fait considérer le nègre africain comme un sauvage pour ainsi dire né démoralisé, sans la moindre notion de civilisation ; bien qu'exagérée, l'appréciation a pu être vraie jadis pour les populations des côtes qui n'avaient que des relations très superficielles avec les Européens, lesquels, en échange de peaux de bêtes, de produits de leur pays, leur apportaient des verroteries, des bijoux et, il faut bien le dire, quelques vices de nos contrées. Si ces nègres profitaient peu de la civilisation européenne, ils ne profitaient pas non plus de celle des centres de l'Afrique, qui est réelle. L'islamisme, qui a sa morale, comme toutes les religions, s'était répandu surtout de l'est à l'ouest de l'Afrique, et son rayonnement, qui n'a guère dépassé la ligne de l'équateur, n'a jamais atteint les extrémités de l'Ouest, c'est-à-dire les rivages où vivaient ces nègres, qui étaient les seuls Africains que nous connaissions ; par eux, nous avions jugé des autres : nous ne connaissions le fruit que par sa coque.

Il suffit d'avoir lu quelques pages du livre de M. Félix Dubois pour que les rectifications se fassent d'elles-mêmes et que toutes choses soient mises en leur place. M. Félix Dubois est le premier journaliste français qui ait pénétré à Tombouctou ; envoyé par le *Figaro* pour y rendre un compte spécial de nos opérations dans cette partie de l'Afrique, il n'a rapporté que des renseignements d'une vérité indiscutable, ayant suivi de près nos officiers dans leurs opérations. Car il faut compter parmi ses plus grands mérites la justesse et la précision d'observation, et le devoir qu'il s'est fait de ne dire que ce qu'il a vu. Contrairement à ceux qui représentent ce type tout moderne, l'explorateur qui, dans les comédies, remplace aujourd'hui l'ingénieur d'autrefois et qui promène sur les boulevards, et un peu partout, une négresse, fille de roi, au nez traversé d'une arête de poisson, s'il ne traîne un jeune lion en laisse, M. Félix Dubois s'est uniquement consacré à son œuvre, réservant uniquement pour son livre tous les récits, toutes les notes, tous les renseignements pris au cours de son voyage. J'ajouterai qu'il y a joint de nombreuses illustrations fidèlement gravées d'après des photographies instantanées et que n'a modifiées aucun dessinateur.

Et c'est certainement un grand plaisir que de le suivre dans toutes ses étapes. En six semaines, il est transporté de Paris aux rives les plus proches du Niger ; bientôt on pourra s'y rendre en quinze jours, voir ce fleuve immense qu'on ne saurait descendre de ses sources à son embouchure en moins d'un an et demi, et qui ne mesure pas moins de mille à quinze cents mètres de largeur ; c'est, à proprement dire, le Nil de l'Ouest africain, avec ses crues fécondantes, ses débordements fertilisant deux rives qui s'étendent et ondulent chacune sur plus de mille lieues. Dans un moment de lyrisme bien facile à expliquer en présence de ces immensités qui feraient l'homme si petit, si son esprit ne lui permettait de les mesurer et d'en comprendre la poésie, notre voyageur adresse au Niger cette apostrophe qui est une vérité : « Tu es l'âme du Soudan, et son cœur aussi. Le jour où, à travers ses immenses plaines, tu cesserais d'épandre tes flots infinis, la vie s'en retirerait comme elle quitte le corps des hommes quand le cœur a cessé de battre. Et le Soudan rentrerait dans le néant : le Sahara. »

Tout est intéressant, de ce voyage si bien raconté par l'explorateur ; rien de plus curieux que de le suivre sur ces voies ferrées improvisées à travers le désert pour joindre entre eux des villages épars, des villes importantes comme Dienné. Dans l'une de ces gares, il remarque un crocodile enchaîné dans une niche : c'est un « crocodile de garde », il remplace un chien ; plus loin, il rencontre deux Européens, un sergent du génie, faisant fonction de chef de gare, et un sapeur qui, tout en le secondant, s'occupe du télégraphe ; ils sont mariés (à la mode du pays !) avec de petites indigènes très gaies. Leur société est complétée par « Bibi, » un jeune hippopotame naguère capturé et très bien apprivoisé. Il passe ses journées au fond d'une petite rivière, le Bakoy. On n'a qu'à l'appeler : *Bibi ! Bibi !* bientôt la tête rose de Bibi émerge ; il vient tout ruisselant d'eau pour se faire caresser.

Le chapitre consacré à la ville de Dienné est des plus captivants ; il faut suivre dans tous ses détails la vie intime de cette ancienne cité formée bien certainement aux temps les plus reculés par une émigration d'Égyptiens ; les coutumes, un peu du costume, le culte du crocodile, le type qui n'a rien de commun avec celui des nègres de l'Afrique occidentale, tout vient confirmer cette opinion de l'établissement d'une antique colonie égyptienne. Chose curieuse, dans les bibliothèques de ce pays M. Félix Dubois a retrouvé trace de pratiques de magie du xvi° siècle, semblables à celles de nos pays ; l'envoûtement, la piqûre faite au cœur d'une poupée pour causer la mort d'un homme, rien n'y manque.

Puis le voyageur continue son chemin, traversant des pays où les nègres enfants ressemblent à des bronzes animés, où les négresses sont blondes ; il admire au passage les multitudes d'oiseaux différents, les coquettes aigrettes blanches que ne dérange pas la présence d'un étranger ; créatures humaines et bêtes sont là encore confiantes comme aux premiers jours de la création ; il goûte aux fruits du *karité*, l'arbre à beurre, dont l'odeur est semblable à celle d'excellent chocolat, et qui, outre la précieuse nourriture qu'il fournit, produit aussi la gutta-percha ; il nous dépeint aussi l'arbre à fromage, des négresses noires comme l'ébène vendant des touffes d'un coton blanc comme la neige ; il nous montre le sinistre barrage rocheux de Sotouba fait de quarante kilomètres d'un formidable chaos de rochers énormes d'un noir bitume ; il nous conduit dans ces tribus des Bosos qui n'ont jamais, même de nom, connu la mer et qui, lorsqu'on leur demande ce que devient le Niger au delà de leur pays, répondent ingénument : « Au delà, les poissons l'avalent ! » Que de curieux tableaux, que de scènes imprévues ! celle-ci, entre autres, prise au bord du lac Débo : « Nous rasions une vaste prairie au loin bordée de bois, lorsqu'en émergèrent tout à coup quatre lions noirs se suivant à la file. C'était l'heure du soleil couchant. Se dirigeant vers l'eau, ils venaient boire sans doute, ou guetter quelque troupe de gazelles altérées. Ils s'avançaient d'une allure lente et solennelle. Mais le bruit de nos pagaies leur parvint. La file s'arrêta, têtes dressées ; ils nous fixèrent un instant, moitié mécontents, moitié dédaigneux. Puis reprenant leur solennelle et lente marche, et toujours se suivant les uns les autres, ils nous tournèrent la croupe pour s'enfoncer à nouveau dans les verdures boisées et disparaître. »

Enfin, après bien des épisodes, bien de curieux pays parcourus, nous arrivons à Tombouctou, jadis la cité étincelante et glorieuse, devenue la cité mystérieuse, craignant d'attirer l'attention des peuples rivaux, cachant sa renommée passée et vivant d'une vie nouvelle. C'est là le point le plus intéressant, le but du livre. C'est non seulement pour la partie descriptive de l'état actuel de Tombouctou que je le signalerai particulièrement, mais aussi pour la partie historique, tirée par M. Dubois des précieux et anciens manuscrits conservés dans la bibliothèque de cette ville, prise et saccagée tour à tour par des peuplades jalouses, par les Toucouleurs, par les Touaregs ; les récits de l'historien Abderraman Sâdi, qui datent du XVIe siècle, renferment à ce sujet des documents inestimables ; c'est un charme que de suivre ces récits dans leur naïveté ; il ne nous cache rien, même la remise de l'accomplissement parfait de son mariage à une autre nuit, et, sensible comme un poète, il nous dit : « Un jour du mois de djoumada, mourut notre amie, la chérifa Nana Kounou, fille de Boni, le chérif : son âme s'envola dans un sourire alors que sa tête reposait sur mon genou. »

Je m'arrête, n'ayant pu donner qu'une bien faible idée de cette exploration qui vient compléter celles de Laing, de Barth, de Mungo Park et de notre compatriote René Caillié, qui fit tant de sacrifices, sans compter celui de sa vie, pour entrer dans Tombouctou, et dont là bas, pas un monument, une inscription, ne rappelle la mémoire. Que de choses à dire sur cette conquête d'une ville qui est la clef de toutes les routes du Sahara et du Soudan ! Très justement M. Félix Dubois prédit la résurrection de Tombouctou, il la voit devenue la grande cité cosmopolite, le trait d'union entre le monde blanc et le monde noir, il y devine, dans l'avenir, un foyer de civilisation et de science européennes, comme elle fut jadis un centre de culture musulmane ; « de nouveau, dit-il, la réputation de ses savants s'étendra jusqu'au lac Tchad, jusqu'au pays de Kong et à l'Atlantique. »

Et, pour ceux qui douteraient de la solidité des sympathies qu'on a pour la France dans la vallée du Niger, je citerai ces paroles dites à M. F. Dubois en présence de Mademba par un vieillard du nom de Bossissé, dont la famille fut ruinée par « les hommes du Sud ». Après avoir fait le tableau des misères subies par son pays, il ajouta : — « Alors les Français sont venus et ont *cassé* Ségou et les Toucouleurs. Avec eux la joie a reparu pour nous. La paix règne partout. Celui qui fait le mal est maintenant certain d'être puni par vous... on est assuré que la moisson ne sera pas volée... un enfant peut aller seul par les routes. C'est aux blancs que nous devons tout cela... Comprends-tu maintenant que le pays se soit facilement soumis à vous et demeure à jamais fidèle ? » Ces quelques paroles dites par un noir sont le couronnement de notre œuvre de civilisation au centre de l'Afrique.

XVII

MICHELET

MADAME DE MAINTENON

« — Toi, je te réglerai ton compte, en cinq sec ! » s'écria, dit-on, un jour Thoré, le critique d'art, parlant de Lamartine comme historien des Girondins. Il avait tort : on ne règle pas plus le compte de Lamartine, qu'on ne saurait régler celui de Michelet, dont vient de paraître le volume consacré à Louis XIV, dans son *Histoire de France*. Ce qu'on peut faire, c'est rappeler respectueusement la vérité sur certains événements, certains personnages que l'historien, emporté par son merveilleux talent de peintre, nous montre sous les couleurs qu'il avait ce jour-là sur sa palette, et dont il a fait d'impressionnantes œuvres d'art, au lieu de se contenter de nous transcrire de simples procès-verbaux. Quoi de plus charmant que son portrait de madame Guyon ? Qui saurait expri-

mer avec ce charme des mots, cette tendresse de
cœur, ce que Michelet ressent en parlant de la vie et
des idées de la séduisante et irrésistible mystique ?
Quoi de plus délicat que certaines pages écrites sur
la petite duchesse de Bourgogne ? Tant que la passion
ne l'entraîne pas, Michelet est incomparable. Mais il
ne saurait guère écrire longtemps sans qu'elle intervienne, et c'est, il faut bien le dire, à elle qu'il doit
le plus beau de son talent.

Le personnage de Louis XIV n'a pas le don de lui
plaire et, bien qu'il sache les grands côtés de son caractère, il n'en veut généralement signaler que les petits ; il va jusqu'à lui chicaner la majesté qu'il montra
devant la mort ; il lui accorde d'avoir trouvé de belles
et touchantes paroles pour ses serviteurs, pour l'enfant, mais, dit-il, il y voudrait un mot pour la
France. Il semble pourtant qu'il y soit, ce mot, dans
le fameux : « J'ai trop aimé la guerre. » Mais Michelet, au fond, ne lui pardonne pas d'avoir été roi.
C'eût été vraiment dommage pourtant, puisque la
France en devait tant compter, de n'avoir pas eu
celui-là. C'est surtout dans le chapitre des Dragonnades qu'il exhale toute sa colère ; il y avait vraiment
là de quoi s'émouvoir. Mais n'y a-t-il pas d'exagération dans tous ces récits ? Michelet ignorait-il ce que
rapporte Fromenteau, dans « le Secret des finances
découvert, » ce que l'invasion calviniste avait, elle,
coûté à la France ? « En quelques années, 36 300

prudhommes massacrés ; 1 200 femmes étranglées ou noyées ; 650 000 soldats, tous français, y perdirent la vie ; 12 300 femmes furent martyrisées ; 8 000 maisons furent incendiées, etc. » On trouve, au total, de part et d'autre, 765 200 hommes morts, 12 300 femmes ou filles violées, 128 256 maisons brûlées ou détuites, etc., etc. Je ne pense pas qu'il faille porter si haut le chiffre des victimes que coûta le protestantisme en France, mais je crois qu'il y a à rabattre sur celui des dragonnades comme sur celui-là. « Si je continue dans l'amour que j'ai de la vérité, disait Sorbière, je pense que sur mes vieux jours je préférerai la lecture des romans à celle de l'Histoire. » En présence de tant d'exagérations, qui ne partage, pour si peu que ce soit, l'avis de Sorbière ?

Mais c'est surtout sur madame de Maintenon, la sinistre fée, dit-il en renchérissant sur Saint-Simon, que s'exerce l'éloquence cruelle de Michelet ; il ne veut accepter pour vérité que tout le mal qu'on en a dit, faisant peser sur elle, sans plus de preuves, la responsabilité des rigueurs qu'eurent à subir les protestants, comme si Louis XIV obéissait à une autre volonté qu'à la sienne propre. Il semble que Michelet ait ignoré les résistances qu'elle apporta elle-même à renoncer à la religion réformée ; « il ne fallut pas moins de deux ans pour convaincre cette enfant de quatorze ans qui, ajoute madame de Neuillant, fatiguait les prêtres, la Bible à la main ; » il se soucie aussi peu de se rappeler qu'elle écrivait à son frère qui maltraitait les huguenots : « Ils sont dans l'erreur où nous avons été nous-mêmes et d'où la violence ne nous eût pas tirés. » Ajoutons qu'il est bien invraisemblable qu'une femme qui envoyait ses domestiques protestants au prêche se soit associée aux cruelles persécutions exercées contre leurs coreligionnaires.

La vérité, c'est qu'il semble qu'on cherche noise à madame de Maintenon de ne s'être pas assez fait connaître. Son silence, sa retraite, tout ce mystère étonne ; on veut savoir, on ne sait pas, on s'irrite alors, on suppose ; les suppositions deviennent des accusations et les accusations des preuves de culpabilité et enfin des condamnations. Aussi comprend-on l'indignation d'un autre grand écrivain, de Barbey d'Aurevilly, contre tout ce qui a été dit sur elle et qu'il flétrit du nom de calomnie. Reprochant à Saint-Simon de l'avoir accusée d'ambition effrénée, il lui répond que cette femme, qui avait le droit de prétendre à tout, arrivée à sa place, s'effaça et vécut avec la simplicité de la plus humble chrétienne entre son royal époux et Dieu. Elle fit, cette prétendue ambitieuse, respecter l'innocence des enfants dont elle était chargée, réfréna les désirs du Roi, l'épousa en secret, n'en parla jamais, ne revendiqua aucun des privilèges de sa fonction, acheta et sauva des patrimoines de protestants indemnisés, ne répondit point aux calomnies, et, à la mort du Roi, baissa ses coiffes, qu'elle n'avait jamais beaucoup relevées, et s'en alla mourir à Saint-Cyr. Où est, continue Barbey d'Aurevilly, où est l'ambition dans tout cela ? « Voilà la femme que Saint-Simon traîne sur la claie. Il est vrai que c'est sur la même claie, devenue splendide, qu'il a étendu le corps rayonnant de Louis XIV ! »

Nous voilà loin du Louis XIV de Michelet qui fut un peu trop impressionné par Saint-Simon ; c'est que chez Michelet l'artiste dominait l'historien, et qu'il fallait tout attendre de lui — louange superbe ou impitoyable dénigrement, mais jamais l'indifférence. Peut-être, après avoir lu toutes les histoires de France que nous possédons, doit-on conclure, comme Saint-Réal, en constatant qu'on serait bien simple d'étudier l'histoire avec l'espérance d'y découvrir ce qui s'est passé.

Un bien intéressant chapitre de ce volume qu'il faut relire aussi, c'est celui que Michelet a intitulé : « Le gouvernement des saints » qui n'est pas écrit avec moins de chaleur ni d'éloquence, tant s'en faut. La question religieuse est de celles qui ont le don d'irriter le plus Michelet ; intolérant, quand il s'agit de ses opinions philosophiques ou politiques, il se révolte contre l'intolérance d'autrui, et c'est de ces colères que sont nées ses plus belles pages. Qu'on n'aille pas en conclure que Michelet était un libre penseur, dans le sens qu'on donne aujourd'hui à l'association de ces deux mots. — « Je rends à Dieu mon âme reconnaissante ! » — Quand on s'appelle Michelet et qu'on a écrit cela à la fin d'une belle vie, on est mieux qu'un libre penseur, on a compris la nature à force de l'admirer, et on a pris place au milieu des grandes intelligences, des Pascal, des Rousseau, des Victor Hugo ; de pareilles paroles suivent éternellement un homme ici-bas ; les gens qu'on accuse aujourd'hui de piété, croient qu'elles les devancent plus haut.

XVIII

MADAME DE CHASTENAY

MÉMOIRES

Le premier volume des *Mémoires de madame de Chastenay*, qui comprennent le récit de bien des événements qui se sont passés de 1771 à 1815, vient d'être publié par M. Alphonse Roserot,

La comtesse de Chastenay-Lanty, issue d'une famille noble de la Bourgogne, chanoinesse à quatorze ans, fille d'un député de la noblesse aux Etats généraux, se trouva, au moment de la Révolution, en situation de bien voir le monde ancien et le monde nouveau qui allait le remplacer. Victime des excès révolutionnaires, elle nous trace un tableau de la vie en province sous la Terreur, à Rouen, à Châtillon-sur-Seine, à Dijon. On voit passer dans ces Mémoires un grand nombre d'hommes politiques, Réal, Fouché, Tallien, Barras, Treilhard, Lebrun, etc. ; des sa vants et des littérateurs, l'abbé Delille, Marie-Joseph Chénier, La Harpe, Grétry, etc., elle fréquente les salons des Directeurs, puis des Consuls, de Joséphine, de madame de Staël. Au milieu de tous ces personnages, apparaît le général Bonaparte. Le portrait qu'elle en fait mérite d'être reproduit :

« Alors il était maigre et pâle, et sa figure n'en était que plus caractérisée. Madame de Marmont nous l'amena en visite dès le lendemain de son arrivée. La bonne dame ne savait que faire de son hôte, dont la parfaite et constante taciturnité la désolait. Les souvenirs récents de la Terreur avaient laissé plus d'aversion que d'attrait pour ce qui portait l'extérieur républicain. L'esprit réactionnaire du temps permettait presque de manifester l'éloignement qu'on avait pour ces officiers bleus, comme on disait, et si nous n'avions pas été au-dessus de tous les entraînements de petites villes, nous n'aurions pas reçu le petit général que ceux qui l'avaient aperçu n'hésitaient pas d'ailleurs à traiter d'imbécile.

» A sa première visite et pour passer le temps, on me pria de jouer du piano ; le général parut content, mais ses compliments furent courts. On me demanda des chansons ; j'en chantai une en italien, dont je venais de faire la musique. Je lui demandai si je prononçais bien ; il me répondit non, tout simplement.

» Sa figure m'avait frappée. Le lendemain, nous dînâmes au Châtelet pour faire honneur au général.

Alors, à Châtillon, on se réunissait vers deux heures. On fut longtemps à table, et, quand on en sortit, pressée de causer avec le général, dont les monosyllabes me faisaient une autre impression qu'au reste de la société, j'allai à lui ; je lui fis une question sur la Corse, et notre entretien commença. Je crois qu'il dura plus de quatre heures.

» Nous étions debout l'un et l'autre, appuyés contre une console de marbre, entre les deux fenêtres du salon. Les parties s'arrangèrent, on entra, on sortit, et ce ne fut que quand maman donna le signal du départ que la conversation prit fin. Je suis fâchée de ne l'avoir point écrite ; il ne m'en est resté que des traits. Elle m'avait vivement intéressée et amusée. Je n'étais pas gâtée depuis longtemps sur les plaisirs de cette espèce, et je n'avais jamais rencontré personne qui me parût avoir tant d'esprit. En cherchant depuis à me rappeler quelque chose de cet entretien, il m'a semblé que j'eus bientôt découvert que le général républicain n'avait aucune maxime ni aucune foi républicaines. J'en fus surprise, mais sa franchise fut entière à cet égard.

. . . .

» Je me suis toujours souvenue que dans cette conversation le roman avait eu sa place. Bonaparte me dit que le tragique du dénouement de *Paul et Virginie* était la grande cause de l'intérêt qu'excitait leur histoire ; il n'approuvait pas que l'auteur du drame en musique eût sauvé Virginie. Quant à lui, il ne pouvait souffrir ni supporter le froissement de ses impressions mélancoliques par un retour subit à des idées gaies ; après un drame, après une tragédie, il s'empressait de quitter le théâtre ; enveloppé de son manteau, il allait se livrer à de profondes émotions et ne voyait jamais la petite pièce.

. . . .

» On nous fit jouer aux petits jeux, dans le salon du Châtelet, et par suite d'un gage touché, je vis à genoux devant moi celui qui vit bientôt l'Europe aux siens. Nous dansâmes des rondes. Notre compatriote Junot, alors aide de camp du général, et depuis général et duc d'Abrantès, nous beugla la ronde si connue de *Mon berger n'est-il pas drôle ?* et ce fut une très bruyante joie. »

Les Mémoires de madame de Chastenay contiennent surtout de très curieux détails sur le monde du Directoire et cette joie de vivre qui se répandit sur toute la France quand on fut assuré que le temps des sanglantes horreurs révolutionnaires était enfin passé.

NÉCROLOGIE

BARBET DE JOUY

On peut lire dans tous les dictionnaires biographiques que M. Barbet de Jouy, qui vient de mourir, a été conservateur du musée des Souverains et des objets d'art du moyen âge et de la Renaissance au musée du Louvre, puis conservateur des peintures et de la sculpture moderne, puis administrateur des musées nationaux, promu au grade d'officier de la Légion d'honneur, puis enfin, élu membre de l'Institut le 6 mars 1880 ; on y verra aussi mentionné parmi les œuvres qu'il produisit : les *Gemmes et Joyaux de la Couronne*, les *Della Robbia*, les *Mosaïques chrétiennes* des basiliques et des églises de Rome, des Etudes sur les fontes du Primatice, une Notice sur les antiquités, objets du moyen âge et de la Renaissance et des temps modernes composant le musée des Souverains, etc., etc.

A la lecture de tous ces titres, tout le monde verra en M. Barbet de Jouy un archéologue, un travailleur de cabinet, un chercheur de documents dans les bibliothèques et les musées. Il ne viendra à l'esprit de personne que cet homme fut un héros, et cela à l'occasion de l'accomplissement même des fonctions toutes pacifiques qui étaient échues à sa valeur de savant. A plus de soixante ans de distance, deux hommes de science artistique devaient déployer l'énergie d'hommes d'action pour défendre le Louvre contre la destruction ; le premier fut Lebreton qui, comme secrétaire perpétuel de l'Académie des beaux-arts, disputa, en 1815, à Blücher lui-même, le droit de dévaliser le Louvre, et le second fut Barbet de Jouy, qui, au péril de sa vie, empêcha les incendiaires de la Commune de commettre un forfait de plus en anéantissant l'incomparable musée qui fait l'orgueil de notre pays.

Quelques jours après le 18 mars, alors qu'on avait supprimé l'Ecole de Rome, celle des beaux-arts et l'Institut, Courbet, qui rêvait déjà la destruction des Tuileries et de la colonne Vendôme, se plaignit de ce que l'administration du Louvre n'avait pas encore fait d'acte vis-à-vis de la Commune ; un M. Bourdier, artiste industriel, proposait de vendre des tableaux du Louvre au bénéfice de ladite Commune ; les menaces d'incendie commençaient à circuler ouvertement. Resté au Louvre, M. Barbet de Jouy, sentant que la bataille allait s'engager, se cantonna dans le musée, résolu à le défendre contre toutes les agressions qu'il pressentait. Sommé de livrer, je crois, les diamants de la couronne, il répondit par une lettre ainsi conçue :

« ... Dépositaire des objets d'art du moyen âge et de la Renaissance, séparé de mon Département contrairement à ma volonté et par force majeure.

» En ladite qualité, je demande, et par les causes sus énoncées, requiers l'apposition des scellés à toutes les places où sont renfermés les objets de ma conservation.

» M'opposant, sous toutes réserves et pénalités, à leur rupture et levée hors de ma présence, et sans mon consentement.

» BARBET DE JOUY. »

La réponse était nette, elle intimida ceux qui prétendaient vouloir agir légalement. Mais leurs amis, plus pressés, y mettaient moins de formes, on vint annoncer à M. de Barbet de Jouy que la rue de Lille était livrée aux pétroleurs. Or, c'était rue de Lille que demeurait Barbet de Jouy et que l'attendait sa famille. « Je resterai ici ! » dit-il simplement, et il resta au Louvre. Pendant ce temps, et sans d'ailleurs que les artistes délégués de la Commune, qui s'étaient installés au musée, fussent complices de ce crime, on vit quatre des incendiaires des Tuileries, en ce moment en flammes, entrer dans le Salon carré par la galerie du bord de l'eau. Ils s'arrêtèrent un instant devant les *Noces de Cana*, s'étonnèrent des dimensions du cadre, puis continuèrent leur chemin en disant : « Ça va flamber comme le reste ! » Ceux-là succédaient à d'autres fédérés qui, au nombre d'une quarantaine, avaient déposé dans le musée les matières inflammables qui devaient l'anéantir. Voyant les mesures déjà prises pour combattre l'incendie, ils arrêtèrent et emmenèrent les gardiens.

Sentant que le dernier moment était venu, M. Barbet de Jouy fit fermer les grilles du quai. Les fédérés s'éloignèrent en présence de son attitude, se promettant bien de revenir. Le ciel en avait heureusement décidé autrement. Le combat était partout, l'armée de Versailles venait d'entrer dans Paris. Les délégués de la Commune furent terrifiés en voyant la rapidité de la répression. Un mot de Barbet de Jouy et ils étaient perdus. Celui-ci, ne voulant voir en eux que des hommes égarés, les aida à fuir, il prit même à son bras la femme de l'un d'eux, qui portait une petite fille, et les fit sortir du Louvre. Puis il revint à son poste.

Pendant ce temps les fédérés se défendaient en désespérés et les obus du Père-Lachaise pleuvaient tout autour du Louvre. Un officier des troupes de Versailles demanda à M. Barbet de Jouy de le faire conduire sur les toits du musée pour pouvoir examiner les moyens de préservation. Un employé se présenta pour le guider. « Non, pas vous, lui dit M. Barbet de

Jouy en l'arrêtant, vous avez des enfants, je n'en ai pas, c'est moi qui accompagnerai monsieur. » Et il monta sur la toiture du Louvre qu'il venait de sauver.

Tous ces faits restés dans la mémoire des amis de M. Barbet de Jouy, et qui furent connus de bien de personnes, de M. Darcel, de M. le comte de Laborde, secrétaire perpétuel de l'Académie des beaux-arts, qui, de son côté, avait lutté avec énergie contre l'invasion de la Commune à la Bibliothèque nationale, ces faits méritaient d'être rappelés aujourd'hui que Barbet de Jouy est conduit à sa dernière demeure. Ajoutons que, lui vivant, nous ne les eussions pas rapportés, car, par un bien caractéristique excès de modestie, il interrompait toujours, avec cet aspect de sécheresse que se rappellent ses amis, ceux qui voulaient lui parler de ces cruelles journées qui furent l'honneur de sa vie.

FIN

TABLE

LITTÉRATURE

I. — JULES SIMON. — Quatre portraits....	3
II. — VICTOR HUGO. — Correspondance ...	9
III. — PAUL BOURGET. — Idylle tragique ...	20
IV. — OCTAVE FEUILLET. — Correspondance..	24
V. — ERNEST RENAN. — Lettres intimes ...	29
VI — MAURICE TALMEYR. — Sur le banc ...	32
VII. — EMILE ZOLA. — Rome	38
VIII. — HENRI LAVEDAN. — Leurs sœurs	49
IX. — FRANÇOIS COPPÉE. — Le Coupable ...	55
X. — MAURICE MAETERLINCK. — Aglavine et Sélyzette	59
XI. — LÉON DAUDET. — Suzanne	63
XII. — H. ROCHEFORT. — Les Aventures de ma vie (première partie)...........	68
XIII. — STEVENSON. — Le Prince Othon	76
XIV. — H. LAPAUZE. — De Paris au Volga ...	80
XV. — LUCIEN PEREY. — Une Princesse romaine au XVIIe siècle.............	85
XVI. — JULES CLARETIE. — Brichanteau comédien...........	89
XVII. — JEAN RICHEPIN. — Théâtre chimérique.	92
XVIII. — GUSTAVE GEFFROY. — L'Enfermé	98

XIX. — EMILE OLLIVIER. — Marie-Magdeleine		103
XX. — ALBERT GAUDRY. — Essais de paléontologie philosophique		108
XXI. — EDOUARD DRUMONT. — De l'Or, de la Boue et du Sang		111
XXII. — PAUL MARGUERITTE. — Le Jardin du passé		116
XXIII. — LUCIEN PATÉ. — Le Sol sacré		121
XXIV. — G. LARROUMET. — Etudes de littérature et d'art		123
XXV. — LÉONCE DE JONCIÈRES. — L'Ame du sphinx		128
XXVI. — CATULLE MENDÈS. — Gog		131
XXVII. — G. RODENBACH. — Les Vies encloses		136
XXVIII. — HENRY ROUJON. — Miremonde		139
XXIX. — JEHAN RICTUS. — Le Soliloque du pauvre		142
XXX. — MADAME ADAM. — La Patrie portugaise		145
XXXI. — JEAN AICARD. — Jésus		148
XXXII. — AUZIAS-TURENNE. — Cow-Boy		150
XXXIII. — Y..... — Mes dégonflements		154
XXXIV. — ARMAND SILVESTRE. — Récits de belle humeur		160
XXXV. — FERNAND GREGH. — La Maison de l'Enfance		165
XXXVI. — LÉO CLARETIE. — J.-J. Rousseau et ses amies		167
XXXVII. — A. LEFRANC. — Poésies de la reine de Navarre		170
XXXVIII. — AURÉLIEN SCHOLL. — Tableaux vivants		172
XXXIX. — M. DE FLEURY. — Causeries de Bianchon		175
XL. — Vte DE BORRELLI. — Les Dactyles		178
XLI. — ART ROE. — Racheté		180
XLII. — LÉON DAUDET. — Le Voyage de Shakespeare		185

XLIII. — EUGÈNE GUILLAUME. — Notices et discours	189
XLIV. — G. D'ANNUNZIO. — Le Triomphe de la mort	193
XLV. — ABEL HERMANT. — Le Sceptre	197
XLVI. — JULES BOIS. — La Douleur d'aimer	200
XLVII. — EDOUARD DESCHAUMES. — La Banqueroute de l'amour	204
XLVIII. — HENRY RABUSSON. — Vaine rencontre	209
XLIX. — MARC LEGRAND. — L'Ame antique	211
L. — ED. THIAUDIÈRE. — Un Colloque de rois	213
LI. — MAURICE MONTÉGUT. — Le Geste	217
LII. — LÉON GAUTIER. — Histoire de la littérature française	220
LIII. — HENRI LAVEDAN. — Les Petites visites	223
LIV. — JULES CLARETIE. — La Vie de Paris	229
LV. — MAXIME FORMONT. — Triomphe de la rose	232
LVI. — EUGÈNE VIVIER. — Suite à quelques paragraphes	234
LVII. — ERNEST BLUM. — Mémoires d'un vieux beau	236
LVIII. — A. VERCHIN. — Heures tristes	239
LIX. — JEAN SIGAUX. — Au Printemps de la vie	241
LX. — MARY SUMMER. — Le Roman d'un académicien	244
LXI. — HENRY NOCQ. — Enquête sur les industries d'art	247
LXII. — L. XANROF. — Chansons ironiques	250
LXIII. — FRED. FEBVRE. — Journal d'un comédien	253
LXIV. — HENRI ROCHEFORT. — Les Aventures de ma vie	257

LITTÉRATURE HISTORIQUE ET DOCUMENTAIRE

I. — M. DE PERSIGNY. — Mémoires	265
II. — LIEUTENANT WOODBERY. — Journal	275
III. — GÉNÉRAL TROCHU. — Œuvres posthumes	278
IV. — GÉNÉRAL BARON PAULIN. — Souvenirs	282
V. — DIMITRI KOBEKO. — La Jeunesse d'un Tsar	290
VI. — GÉNÉRAL LEJEUNE. — Mémoires	296
VII. — G. LENÔTRE. — Le Baron de Batz	303
VIII. — GEORGES LECOMTE. — Espagne	305
IX. — A. MOULIERAS. — Le Maroc inconnu	309
X. — P. GAULOT. — La Mort de Robespierre	314
XI — P. MIMANDE. — Criminopolis	318
XII. — FRÉDÉRIC MASSON. — Cavaliers de Napoléon	322
XIII. — EUGÈNE GUÉRIN. — Histoire de la Nouvelle France	325
XIV. — E. ZEVORT. — Histoire de la troisième République	329
XV. — H. ROCHEFORT. — Courbet	331
XVI. — FÉLIX DUBOIS. — Tombouctou la Mystérieuse	335
XVII. — MICHELET. — Madame de Maintenon	34
XVIII. — MADAME DE CHASTENAY. — Mémoires	350

NÉCROLOGIE

Barbet de Jouy 358

SAINT-AMAND (CHER). — IMPRIMERIE BUSSIÈRE FRÈRES

www.ingramcontent.com/pod-product-compliance
Lightning Source LLC
Chambersburg PA
CBHW050544170426
43201CB00011B/1551